強い会社が実行している「経営戦略」の教科書

BUILDING
A STRONG COMPANY

How to
Apply Strategic Management
for Businesses

笠原英一
Eiichi Kasahara

中経出版

はじめに
実務に役立つ「経営戦略」を立てるにはどうすればよいのか？

　私は、今までたくさんの刺激的なコンサルティング・プロジェクトを企業のみなさんとご一緒させていただく機会に恵まれてきました。大学院での講義や研究も大変興味深いのですが、コンサルティングは、まさに「理論を実践する場」ですから、とても刺激的なのです。

　通常は「戦略策定フェーズ」がひと通り終了すると、そのあとはクライアントのチームが主体となって「実践フェーズ」をぐいぐい進めていくことになります。

　その段階で推進チームを率いるチーム・リーダーやスタッフのメンバーの方々に経営戦略やマーケティングをレクチャーさせていただく機会が少なくありません。そのような場合は、重箱の隅をつっつくような細かな理論や、逆に総花的な背景に関する解説などは極力省略することにしています。

　なぜか？　答えはシンプルです。こうした内容は、実務の現場で、戦略的な判断をする際にまったく役に立たないからです。

グローバル市場で通用するリーダーはまだ足りていない

　ところで最近、いくつかの日系企業のみなさんとプロジェクトをご一緒させていただいて気づいたことがあります。

　グローバル人材育成にかける意気込みが少し前とは大きく異なって

いるということです。ひと口で言うと、本気度が違うということです。

　海外トレーニー、海外研修、アクションベースド・ラーニングなどの制度や手法を駆使してグローバル人材の育成に本格的に取り組んでいらっしゃいます。今さらながらの感はありますが、TOEICで何点以上でないと昇進を認めないというケースもあります。

　こうした努力を高く評価したいと思いますが、グローバル市場で本当に通用するプロフェッショナルの数となると、まだまだ圧倒的に不足感があります。

日本で純粋培養されたリーダーの決定的な「弱点」

　最近は、P&G、ABB、3M、シーメンス、IBM、GE等のグローバル・ブランド企業で経験を積んだ欧米出身のプロフェッショナルが、日系企業にスカウトされ、海外拠点のリーダーとして日本の本社主催の経営会議やマネジメント研修に参加してくることも少なくありません。そこでは、日本で純粋培養された幹部候補と一緒にチームを組んで、ケース・スタディや自社の戦略課題についての解決策について議論してもらうことになります。

　そのような際に、意思決定へと導く議論の展開の仕方や分析の視点、そして実際に提案する戦略そのものの質という点で、日本国内市場のみでキャリアを積んだ方と海外企業出身組の間でとても大きな差を感じてしまうことがめずらしくはありません。

　英語が上手・下手という以前の、ビジネス・センスといったらよいのでしょうか。構想力や発想力の違いといったらよいのでしょうか。もちろん英語がネイティブであるということはビジネスにおいてかなりのアドバンテージにはなるとは思いますが、それを差し引いても、何かが違うのです。グローバルで活躍していくために必要な、人間的

な魅力というのでしょうか。

　1990年代以降、日本経済は成熟化し、ほぼ成長しないステージに入ってしまいました。国内市場のみを事業領域として活動しているだけでは、大きな成長はあまり期待できません。**成熟市場でのビジネスの流儀は、他社をいかに出し抜くかということ、もっと激しく表現すると、生き残るためにどうやって相手を倒すかということ**です。

　もうひとつの方法が、成長市場に出て行くことです。それはそれで、成長ポテンシャルの高いグローバル市場を土俵に、欧米の百戦錬磨のプロフェッショナルを相手に、ガチで競争しながら、競り負けない戦いを展開していかなくてはなりません。最近はそこに中国企業も加わってきました。いずれにしろ、従来とは異なる新しい環境でビジネス・プロフェッショナルは活動していく機会が増えているわけです。

「戦略的に考える」ということ

　こうした厳しい環境の中で成果を出していくためにはどのようにしたらよいでしょうか。

　私の考えはいたってシンプルです。**一人一人が知力と胆力を最大限発揮して、戦略的なアプローチを追求し続けること**です。

　ひと昔前のお話ですが、米国のビジネス・スクールに私と同じ頃に留学した同期が、日本に帰ってきて以前の職場に戻ったときの違和感をあるエピソードを交えて語ってくれたことがあります。

　ビジネス・スクールで学んだ経営学の理論を実践に生かすべく、ホワイトボードなどを使い、顧客分析を始めた際、上長から、「四の五の言っている時間があるなら、1件でもいいから多くのお客を訪問してこい！ここはアメリカじゃないんだぞ！」と叱責されたそうです。

当時日本の経営の現場には、経営理論なんてものは、所詮机上の空論であり、したがって実務は別であるというような考え方が根強くありました。

確かに、右肩上がりの時代はQCDS（Quality（品質）、Cost（価格）、Delivery（納期）、Service（サービス））さえきちっとしていれば、十分成長可能だったと思います。しかし、**日本経済が成熟した今日、下手な鉄砲で数だけ打っても、資源を浪費し、環境に負荷をかけるだけです**。今こそ、事業領域の定義、そこにおける顧客の選定から、ユニークな価値の提案、その価値を創るための開発、生産、組み立て、サービス等の機能の組み合わせも含め、戦略的に考えて、実践していくことが強く求められているのではないかと思います。

「戦略なくして営業なし。営業なくして受注なし。受注なくして仕事なし。仕事なくして人生なし！」なのです。

「従来の戦略」をなぞるだけでは未来がない

言うまでもありませんが、これからは、環境変化にダイナミックに対応することなく、会社が用意してくれた穴埋め式のようなテンプレートを使って事業計画を書いて、従来のやり方を踏襲しながら、オペレーションにいそしんでいれば、ビジネス・パーソンとしての生活の安定が引退まで保証されるというようなことはあり得ません。

数字の羅列とポンチ絵のような提案書でお茶を濁して、あとはがむしゃらに今の事業を切り盛りするだけで売上や利益が期待できるわけでもありません。

なんとなく、オーバースペックな社内品質基準に違和感をいだきながらも、社内で物議を醸し出すことに躊躇して、お客様の真のニーズに向き合おうとしなければ事業は衰退するだけです。

大企業にありがちですが、<u>戦略策定とは名ばかりの業務計画策定プロセスにどっぷりつかって、予算と資源配分のみの社内政治に明け暮れていては、本来の戦略策定の目的である高い業績の達成は期待できません。</u>

仮にみなさんの上長が、戦略的な思考を放棄しているようなタイプで、かつその経営スタイルに改善の兆しがなければ、堂々と論陣を張ってください。場合によっては、そのような方には退場をせまり、みなさんで事業をもり立てていただきたいと思います。それが、みなさんを育ててくれた会社や経営トップに対する恩返しになるのです。

「本当に使える戦略」を立てるための15のステップ

本書の特徴は、実務の現場で、戦略的な判断をする際に必要不可欠な要素を厳選し、それを戦略策定のプロセスを用いて体系化しているところにあります。

経営理論に関する本はすでにたくさん存在しています。経営戦略、競争戦略、マーケティング・マネジメント、戦略的マーケティング、ワン・トゥ・ワン・マーケティング、消費者行動論、成長戦略、機能戦略、技術経営などを解説した理論書や実務書はたくさんあります。また、戦略策定の手順書的なものもたくさん出版されています。

しかしながら、実際に意思決定をしながら成果を追求していかなければならない経営の現場において、本当に意味のある戦略やマーケティングのエッセンスを、ばらばらのパーツではなく、体系的にまとめたテキストは意外と少ないと感じています。

<u>市場、競合等の環境変化と自社の経営資源や能力を総合して、すぐさま自分のビジネスへの影響を考え、適切な方向性や魅力的な戦略オプションを考えられる能力（これを戦略的思考と呼びます）</u>はどのよ

うにして強化できるかということが本書のテーマです。
　そのような問題意識から、本書では、魅力的な戦略オプションを創出するための15のエッセンスを厳選してそれらを体系的なステップとしてまとめました。

　本書が戦略やマーケティングを実務の世界で実践していくプロフェッショナルのみなさんの行動や意思決定のバックボーンになることを願っています。
　さらに、みなさんと一緒に、魅力的な製品・ソリューション、競争力のある事業、競り負けない企業、そしてその総和としての強い日本を作ることに少しでも貢献できれば、著者としてこれに勝る喜びはありません。

梅雨明けを迎えた鎌倉にて
笠原英一

強い会社が実行している「経営戦略」の教科書
Contents

はじめに
実務に役立つ「経営戦略」を
立てるにはどうすればよいのか？ 002

PART0
強い会社は、戦略の「立て方」が違う

01 なぜ、今までの経営戦略は機能しないのか 016
「戦略」が「業績」に結びつかない原因を探る
「戦略」と「業績」のメカニズム
経営戦略のエッセンス
「経営戦略」は、敵を直接攻撃する戦略ではない
「現状」を正しく捉えているか

02 経営戦略とは、成功のためのシナリオである 022
「物足りない戦略」には何が足りないのか
優れた戦略には「成功へのシナリオ」がある

03 強い会社が実行している「戦略策定15のステップ」 026
魅力的な「戦略オプション」を創出する
Column1　ミンツバーグの戦略類型論　*030*

PART1
強い会社は、自社の「立ち位置」が見えている
企業戦略

04 持続的に企業を成長させるための「企業戦略」の立て方 ……………… 034

どの事業領域で経営を展開すべきか
企業戦略は「経営資源の配分」、事業戦略は「経営資源の活用」
企業戦略は5ステップで考える

05 ステップ① 企業理念
社会にどのような価値を提供するのか ………………… 038

企業としての「価値観」を明確にする
「同じ業界」にいても「競合」とは限らない

06 ステップ② 現状分析
企業を取り巻く大きな変化は何か ………………… 040

マクロな視点での環境分析が求められる

07 ステップ③ 企業目標
計画期間内にどこを目指すのか ………………… 042

経営は「サイエンス」と「アート」の融合
「目標設定」の意味合いは状況によって変わる

08 ステップ④ 事業領域
どのような顧客に、どのようなソリューションを提供するか ………………… 044

製品・市場マトリックスで事業領域が見える

事業領域はどのような状況にあるか
市場開発・製品開発・多角化
グローバル展開は「2段階スクリーニング」で考える
事例：Nestleのグローバル展開
評価項目の選別方法

09　ステップ⑤　資源配分
ヒト・モノ・カネをどう配分するか　052

企業戦略の締めくくりが「資源配分」
「製品」ではなく「SBU」を単位とする
ボストン・コンサルティングが開発したPPMの4象限
Y軸とX軸を比較する
PPMに対する批判

Column2　経営戦略にも条件適合的なアプローチが必要　060

PART2
強い会社は、各事業が「シェア」を順調に広げていく
事業戦略

10　事業の範囲を定義して、とるべきポジションを明確にする　064

「企業戦略」と「事業戦略」の位置関係をつかむ
「戦う」か「戦わない」かを選ぶ

11 ステップ⑥　事業ビジョン
「達成したい、ありたい姿」はどのようなものか ………… *068*

「ミッション」と「ビジョン」

「ビジョン」には2種類ある

12 ステップ⑦　現状分析
その事業の「現状」と「将来」はどうか ………………… *070*

事業戦略立案のための4C分析

顧客・市場分析（customers）

競合・業界分析（competitors）

自社資源分析（company）

マクロ環境分析（context）

13 ステップ⑧　事業目標
その事業で、計画期間内に何を達成するのか ………… *088*

5つのポイントを押さえる

「対環境相互作用性」と「環境予測可能性」

14 ステップ⑨　事業の範囲
勝負する「土俵」の範囲をどう定めるか ………………… *090*

「製品」と「市場」をどう考えるかが重要

15 ステップ⑩　競争戦略
目標を達成するために、どのように戦うか ……………… *094*

コトラー・モデル、ポーター・モデルの「本当の使い方」

Column3　問題解決のためのロジカルシンキング　*098*

PART3
強い会社は、戦略を確実に「具現化」させる
機能戦略

16 戦略を動かすための「機能戦略」... *102*

機能戦略には3つのステップがある

17 ステップ⑪　マーケティング戦略
顧客のニーズをどう満たすのか *104*

マーケティングは「顧客への価値を創造するプロセス」

マーケティング戦略の総論

マーケティング戦略の各論

マーケティングの応用

18 ステップ⑫　バリュー・チェーン
価値を創出するシステムをどう構築するか *132*

必要不可欠な3つのプロセス

19 ステップ⑬　組織・制度
戦略を機能させるためのインフラをどう整えるか *134*

マッキンゼーの「7つのS」

Column4　テクノロジー・ライフサイクル　*138*

PART4
強い会社は、目に見えないものも「評価」する
業績・成果

20 経営戦略の成果はどのように測定するのか *142*
　　事業戦略は「数字」で表現できてナンボ
　　売上モデルはよりよい戦略を考えるためのもの
　　事業活動の成果指標
　　伝統的な手法で十分シミュレーションできる

21 ステップ⑭　ブランド・リレーションシップ
　　顧客との「絆」をどうつなぐのか *148*
　　ブランドは４つの階層で整理する

22 ステップ⑮　事業性評価
　　売上と利益をどう評価するのか *150*
　　押さえるポイントは最小限でよい
　　Column5　イノベーションが求められているのは戦略だけではない　*154*

PART5
強い会社は、やるべきことを明確に伝える
プレゼンテーション

23 戦略に深みを持たせる「伝え方」 *158*

プレゼン資料は「4ステップ」で組み立てる

24 ポイント①
事業目標の実現に有効な戦略要素を組み合わせる *160*

事業戦略のポイントを押さえる

25 ポイント②
事業戦略案に含まれる仮説をリストアップする *162*

シナリオ化すると同時に仮説をリストアップする

26 ポイント③
事業戦略案をピラミッド・ストラクチャーで編集 *164*

現状分析、総論戦略、各論戦略の3つのブロックで表現

27 ポイント④
要点を絞ってサマリーを作成 *166*

ビジネス・プランを基にエグゼクティブ・サマリーを作成

**28 ピラミッド・ストラクチャーを生かして
プレゼンテーション資料として編集する** *168*

シンプルに、ロジカルに

おわりに　*170*
参考文献　*174*

本文デザイン　新田由起子（ムーブ）
本文図版　大野文彰（大野デザイン事務所）

PART 0

強い会社は、
戦略の「立て方」が違う

概　論

Introduction
Corporate strategy
Business strategy
Functional strategy
Social Bond
Presentation

Introduction
Corporate strategy
Business strategy
Functional strategy
Social Bond
Presentation

01

なぜ、今までの経営戦略は機能しないのか

■ 「戦略」が「業績」に結びつかない原因を探る

　本書では、「経営戦略がなぜ機能しないと認識されることが多いか」ということから考察します。
　「経営戦略がうまく機能しない」という言葉は、どのような理由から出てくるのでしょうか。おそらく、こうした言葉の背景には、**事前にあれこれ考えて戦略を立てて事業に取り組んでみたものの、思うように業績が上がっていない**という事実があるように思います。
　ここでは、まず業績を決定するメカニズムから確認しておきましょう。

■ 「戦略」と「業績」のメカニズム

　企業の業績（売上・利益）は、企業をとりまく「経営環境（マクロ環境・市場・競合）」「経営資源（自社）」と、企業がとる「行動（アクション）」によって決まります。
　簡単に表現すると次のようになります。

業績＝f（経営環境、経営資源、行動）

　これに対して経営戦略とは、図1のようなメンタル・モデル[01]の中で、

01　メンタル・モデル：
外界の現実を仮説的に説明するべく構築された内的な記号または表現。認識と意思決定において重要な役割を果たす。メンタルモデルが構築されると、個別に時間とエネルギーをかけて考察する煩瑣なプロセスが効率化される。

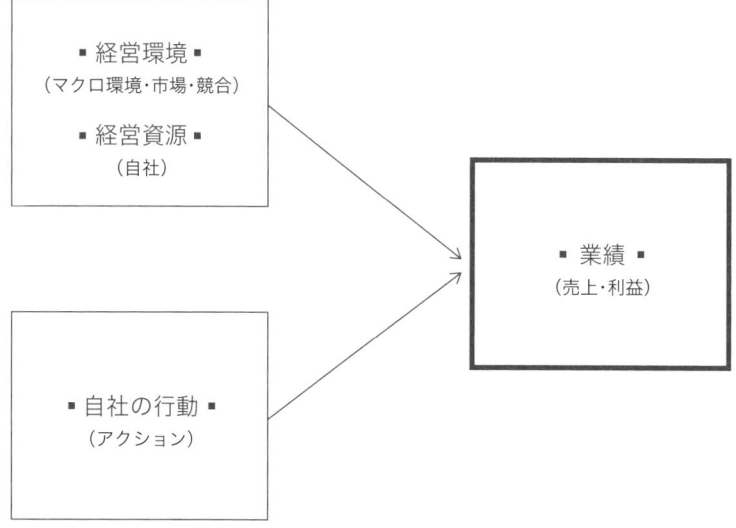

図1：業績達成に関するメンタル・モデル

企業をとりまく経営環境のなかで行動を具体化していくためのガイドライン的な機能を果たします。

■ 経営戦略のエッセンス

次に**経営戦略の構成**を考えてみましょう。経営戦略論では、今までさまざまな戦略類型が提示されてきました。

古典的なものとしてチャンドラーの定義があります。「戦略とは基本的な長期目標を決定し、その目標を達成するための活動の方向性を採択し、そのための資源を配分することである」というものです。

また、比較的最近のものでは、ミンツバーグの創発的戦略論があります。戦略は「あらかじめ計画的に策定されると同時に、創発的に形成されなければならない」と述べられています。

戦略類型論については30ページのコラムにゆずるとして、ここでは経営戦略を実務的に必要な最低限のレベルで共有しようとするならば、現在地（現状）と目的地（目標）、およびそこにいく方法の3つの要素での説明で十分だと考えます。そこに行く方法は、事業領域や事業範囲として表現されるケースが一般的です。さらには、事業領域が明確になると同時に、競合関係にある他社が認識されるわけで、その競合に対してどのような優位性を作り出すことができるかということがポイントになります。

■「経営戦略」は、敵を直接攻撃する戦略ではない

　軍事戦略と経営戦略は、本質的には極めて近いのですが、あえて違いを述べると、軍事戦略が、あの手この手で直接的に敵を倒すということを考えるのに対して、経営戦略では、直接競合に対して物理的に攻撃することができないという点です。

　つまり、**自社のソリューションをいかに強く顧客へアピールするかということを中心に競争が展開される**わけです。製品やサービスの質、価格競争力、買いやすさ（アクセスのよさ）、説得力のあるコミュニケーション方法などによって、優位な展開をすることが決め手になります。

　戦略の構成要素は、経営環境と経営資源にフィットする目標の設定、その目標を達成していくための事業領域の設定、その領域における競争優位性の創出、そしてこれらの要素を結びつけて目標達成を可能にしていくシナリオです。

　ちなみにここでいう事業領域（事業の範囲=scope of businessとも呼びます）とは、どのような製品をどのような市場に提供し、そのために自社はどのような機能（開発、生産、販売、サービス）を担うのかということを明らかにすることを意味しています。

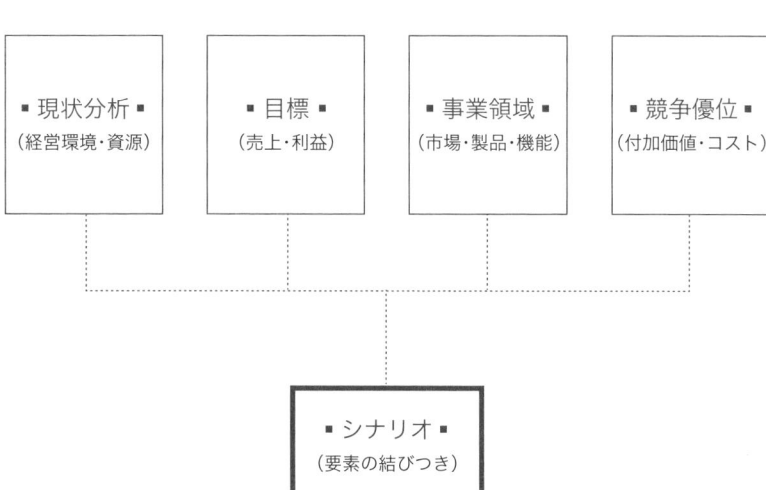

図2：経営戦略の構成要素

■「現状」を正しく捉えているか

　もし、「経営戦略が機能しない」理由が、「業績が期待していたほどよくなく、設定した目標を達成できなかった」ことにあるならば、**まず、現状分析、つまり経営環境（マクロ環境、市場、競合）と経営資源（自社）の分析が十分だったかどうか**確認してみてください。

　一般的によくみられるケースとしては、自社分析についてはかなりの充実度、マクロ環境分析はそれなりに、市場分析はややおざなり、競合分析となると、単に『四季報』からのコピーなどというレベル感の分析が多くみられます。『四季報』をコピーしただけで競合他社の分析ができたという感覚や認識はぜひ改めていただきたいと思います。**競合分析については、競合他社の将来の方向性をつかみたいものです。**これがつかめない限り、経営の現場では意味がありません。

現状分析（経営環境と経営資源）が十分だったとしたら、次のチェックポイントは現状分析と目標の整合性です。**経営環境や経営資源に照らし合わせて、そもそも設定した目標が現状を無視したようなレベルだったり、曖昧だったりすることはなかったか**ということです。

　目標は、SMART（S=specific、M=measurable、A=achievable、R=result-oriented、T=time-bound）に設定しなければなりません。これは、目標については、達成可能なレベルを明確に特定すべきということを意味しています。さらに、測定可能な指標で、結果志向で、時間を意識して設定することが大切です。

　次のチェックポイントは目標と事業領域の整合性、つまり**目標にふさわしい事業領域が選択されていたか**ということです。目標が大きいにもかかわらず、そして従来の事業領域が成熟しているにもかかわらず、その領域での市場浸透に終始しているようでは、どのような打ち手を展開しても厳しい結果になることは明白です。

　次は、**選択した事業領域において、既存の、そして潜在的な競合企業に対して相対的な優位性を実現し、それを維持することができていたかどうか**ということです。競争優位性を単純に表現すると、競合他社の製品やサービスに比較して、顧客がより高い価値を認めてくれるものを提供できるかどうかということ、または、それと同じ効用レベルのものを競合企業よりも低コストで提供することができるバリュー・チェーン[02]があるかどうかです。

---

[02] バリュー・チェーン：開発・生産・販売・サービス等から構成された付加価値創造の機能連鎖。

図3：現状分析の実際

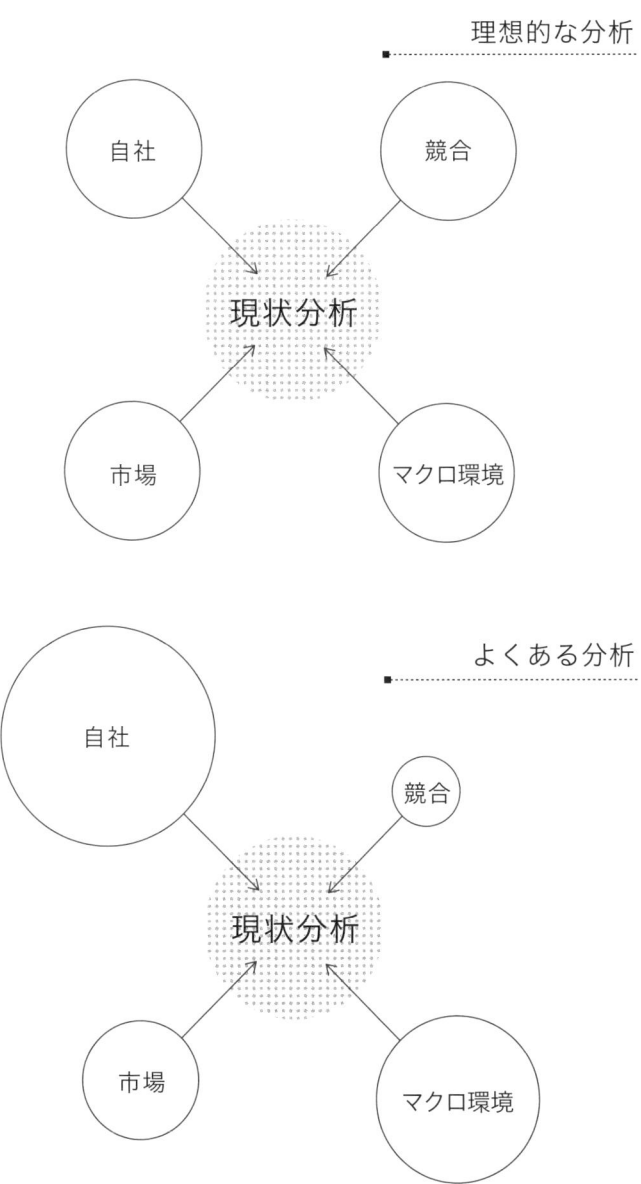

Introduction
Corporate strategy
Business strategy
Functional strategy
Social Bond
Presentation

02

経営戦略とは、成功のためのシナリオである

■「物足りない戦略」には何が足りないのか

　最後は、経営戦略の構成要素を結びつけて目標達成を可能にするためのシナリオがあるかどうかです。

　みなさんの中には、所属する会社に提出した事業計画や事業戦略などに関して、経営幹部から、「形式的には悪くないのだけれど、どこがどうというわけではないんだけれど、何か物足りないんだよな〜」とか、「この戦略提案には、何か面白みが足りないんだよな〜」という意見をもらったことはないでしょうか。もしそういう指摘があったとしたら、要注意です。場合によっては、抜本的に考え直す必要があるかもしれません。

　次のメッセージを検討してみてください。

> 我が社の戦略は、大量生産によって、中級グレードの電子レンジ市場でのグローバル・リーダー企業になることである。

　このメッセージには、短いながらも戦略の構成要素がきちんと含まれていることにお気づきでしょうか。

　事業領域は、中級グレードの電子レンジ世界市場です。目標は、言

うまでもなく、その市場でのグローバル・リーダーというポジションの達成です。競争優位性は低い生産コストということになります。

この提案内容はそれなりにシンプルで明確なのですが、**戦略を構成する要素を具体的にどのように結びつけてグローバル・シェアNo.1になるかというシナリオがまったく見えません**。そのために、今ひとつ面白みのないメッセージになっていると考えられます。

■ 優れた戦略には「成功へのシナリオ」がある

次のメッセージはどうでしょうか。

> 欧米の完成品メーカーは、生産のアウト・ソーシングにより、効率アップを図ってきたが、その過程で工場や製造部門が不要になる。当社の戦略は、そのような欧米の完成品メーカーから中古の生産設備を購入し、それを活用しながら、コントラクト・マニュファクチャラー[03]（いわゆるEMS）として、生産シェアを大きく伸ばすというものであった。
>
> 今後も完成品メーカー＝OEM[04]のアウト・ソーシングの受け皿として機能することにより、一定の受注を確保すると同時に、グローバル市場で高い成長が期待され、かつ、OEMと直接競合しないミドル・クラスとロワー・クラスの市場セグメント向けに、コスト・パフォーマンスの高い自社ブランド製品を提供していく。それにより、同セグメントの成長に貢献すると同時に、セグメント内シェアの拡大を図る。下記がコスト削減方策である。
>
> 1. 必要最小限の機能に特化した製品コンセプト（設計簡素化によるコスト削減）
> 2. 大企業からのシニア熟練工採用（経験曲線効果）
> 3. オープン・モジュラー型の設計（生産コスト削減）
>
> 最後は、上記の裏づけに基づく、破壊的な低価格戦略を実践して競合他社

---

03 コントラクト・マニュファクチャラー：
イギリスを拠点として活動していたTibbett & Britten（チベット＆ブリテン）が数十年前に倉庫を買収して、輸出向けの物流ネットワークを構築したのが起源とされているが、同様の動きは電気・電子にとどまらず、化学製品の分野でも指摘される。Lonza（スイス）やDSM（オランダ）などのコントラクト・マニュファクチャラーに化学製品の製造を委託することが一般的になっている。

04 OEM：
Original Equipment Manufacturer。部品、デバイス、材料を他者から購入して、それらを組み込んで自社の一次製品を作るメーカーを意味する。PC、計測器、制御機器、OA機器、家電、自動車、自動車関連エレクトロニクスなどのマニュファクチャラーがOEMの典型的な例である。同じくOEMと略されるOriginal Equipment Manufacturing（相手先商標製品委託生産方式）とは意味する内容が異なる。

> に対する圧倒的な競争力を実現する。同時にワールドワイドで、e-コマースを通してシェア拡大を図る。究極的には、このモデルを電子レンジ以外の家電に適用して、家電のフルラインアップ化を目指す。

　いかがでしょうか。このメッセージは22ページのものより、2つの点で戦略提言として完成度が高くなっています。

　まず、大量生産、大量販売によるコスト競争力強化、それによる対象セグメントにおけるシェア・アップまでのシナリオがかなり明確に記述されています。なぜ、そのようなことが可能になるのかという根本的な疑問についても、企業として持っている資源や能力を踏まえて明らかにしています。

　次に、対象としているセグメントがなぜ魅力ある市場なのかということについても、高い成長が期待されるだけではなく、コストリーダーシップ戦略を吸収できるだけの市場が十分な規模で形成されつつあるということを論理的に説明しています。あとは、そのことを市場分析のところで数字で説明できれば十分でしょう。

　戦略の構成要素を順番にまとめた流れが戦略計画だとしたら、目標、事業領域、競争優位性などの**戦略構成要素がどのように結びついて展開され、目標達成が可能になり、企業や事業が成功に導かれるのかというシナリオがあるものが経営戦略**と考えていただいたらよいのではないかと思います。

図4:完成度の高い戦略シナリオ

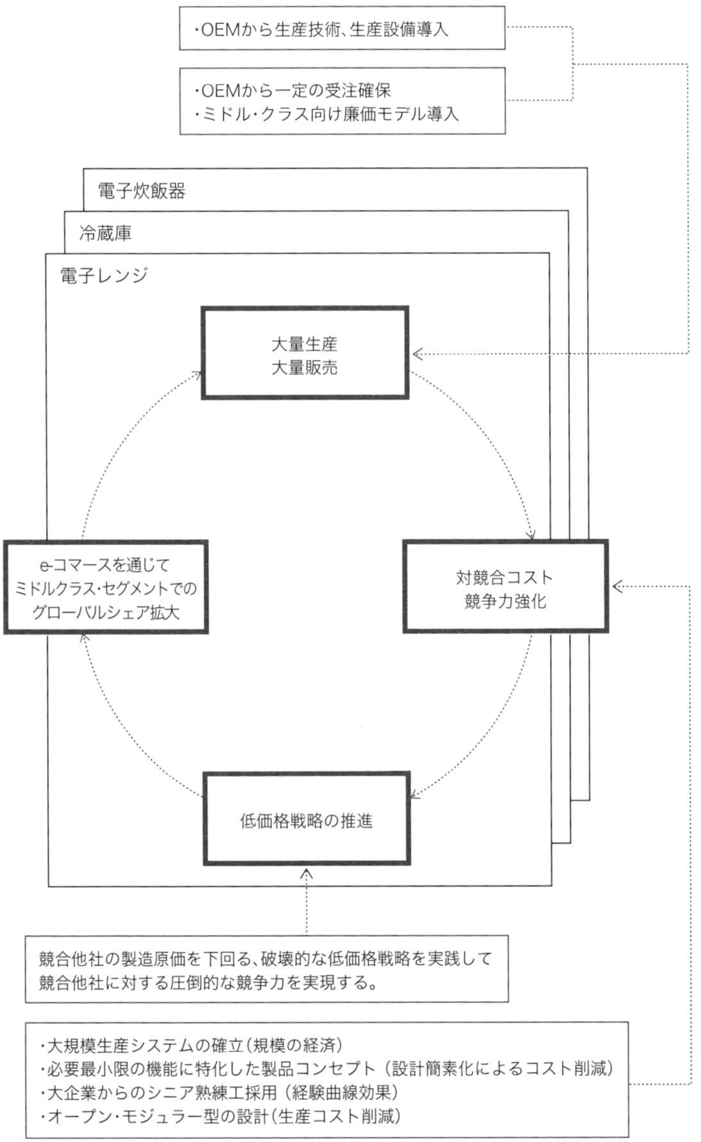

・OEMから生産技術、生産設備導入
・OEMから一定の受注確保
・ミドル・クラス向け廉価モデル導入

電子炊飯器
冷蔵庫
電子レンジ

- 大量生産 大量販売
- 対競合コスト 競争力強化
- 低価格戦略の推進
- e-コマースを通じてミドルクラス・セグメントでのグローバルシェア拡大

競合他社の製造原価を下回る、破壊的な低価格戦略を実践して競合他社に対する圧倒的な競争力を実現する。

・大規模生産システムの確立(規模の経済)
・必要最小限の機能に特化した製品コンセプト(設計簡素化によるコスト削減)
・大企業からのシニア熟練工採用(経験曲線効果)
・オープン・モジュラー型の設計(生産コスト削減)

Introduction
Corporate strategy
Business strategy
Functional strategy
Social Bond
Presentation

03 強い会社が実行している「戦略策定15のステップ」

■ 魅力的な「戦略オプション」を創出する

　本書のテーマは、市場、競合等の環境変化と自社の経営資源や能力を総合して、自分のビジネスへの影響を考え、適切な方向性を考えられる**戦略的思考の強化**です。魅力的な戦略オプションを創出するためのエッセンスを「15のステップ」として体系的にフローチャートとしてまとめています。

　15のステップを大きく、1章から5章にわけ、それぞれ企業戦略、事業戦略、機能戦略、業績・成果、プレゼンテーションというテーマでエッセンスを解説しています（28～29ページ図5参照）。

　1章のテーマである**企業戦略**には、①企業理念の明確化、②現状分析（4C分析＋SWOT）、③企業目標の設定、④事業領域（製品・市場）、⑤資源配分（PPM）の5つが含まれます。

　2章では、**事業戦略**というテーマで、⑥事業ビジョンの明確化、⑦現状分析（4C分析＋SWOT）、⑧事業目標の設定、⑨事業の範囲（製品・市場）、⑩競争戦略の5つをカバーします。

　3章では、**機能戦略**として、⑪マーケティング・市場戦略（STP＋4Ps）、⑫バリュー・チェーン、⑬組織・制度を検討します。機能戦略の章にマーケティングを含めていますが、マーケティングは、特定事業における対象市場に対して、提供する価値の開発やその提供方法を

通して、直接的に事業に影響を及ぼします。それだけではなく、研究・開発、生産・製造、営業・販売、物流・ロジスティックという諸機能との結節点としても機能します。

　本書では、マーケティングを形式的な分類に従い、機能戦略に含めていますが、本質的には、事業全体の価値創造にかかわるため、事業戦略の性格を持っているという点にご留意ください。

　最後に、経営戦略の成果としての**ブランドと売上・利益**についてコメントします。ブランドのベースは認知ですが、最終段階は、個々の顧客との絆の形成と考えられます。経営戦略の定性的な成果として、⑭ブランド・リレーションシップを概観したあとは、定量的な成果としての売上や利益について、⑮事業性評価として解説を加えていきます。定性的および定量的な成果の達成を通して、企業は社会との絆（Social Bond）を築いていくのです。

図5：経営戦略の枠組み

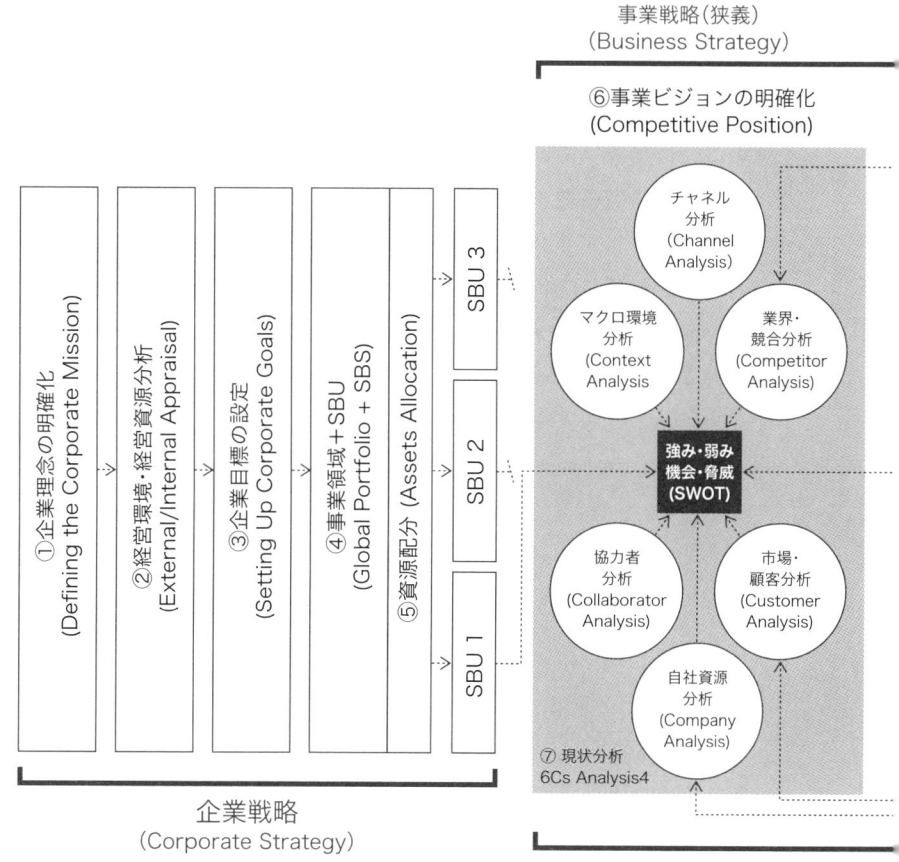

資料： 笠原(2009)立教大学ビジネススクール、産業財マーケティング、レクチャーノートより抜粋

1：企業戦略　企業全体としての成長領域の選択と経営資源の集中がテーマ。具体的には、SBU=Strategic Business Unit（特定の製品と市場から構成される単独のもしくは複数の事業の集合体であり、かつ独自の理念、目標、責任者、競合を有する戦略立案単位）を明確にし、各SUB間での資源配分を行う。

2：事業戦略　配分された資源をベースに、競争戦略（競合に対する優位性の構築）と市場戦略（対象市場を定義し、価値を創造）を検討する。SBUが基本単位。

PART 0 強い会社は、戦略の「立て方」が違う 概論

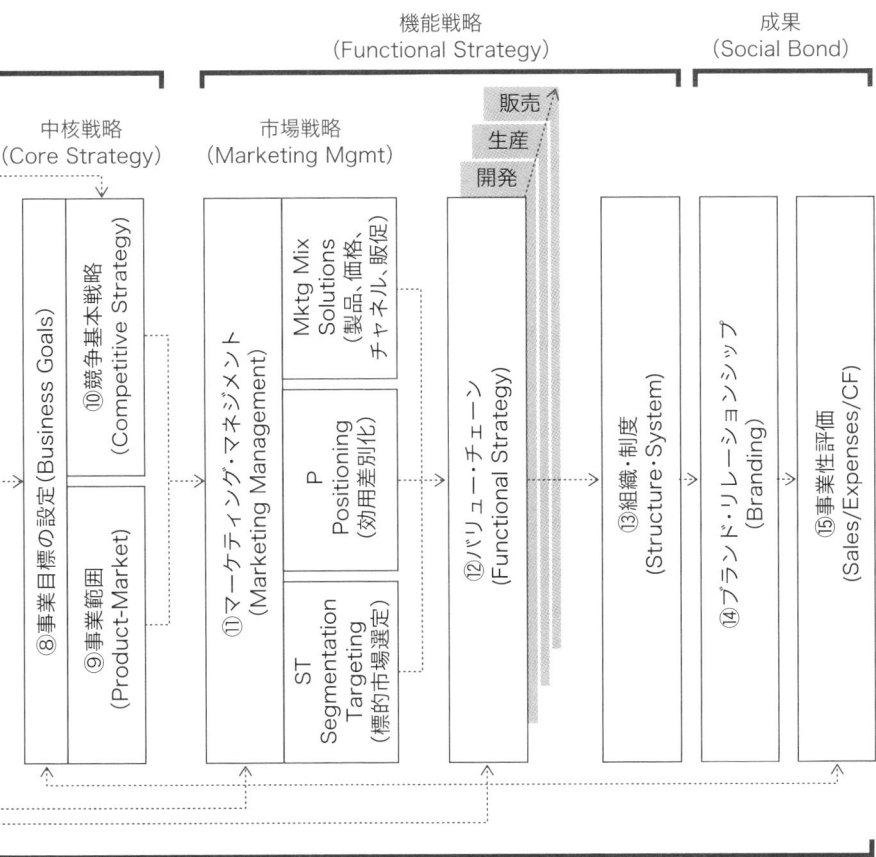

事業戦略(広義)
(Business Strategy)

3：機能戦略　OBS=Operational Business Unit(事業運営機能単位)をベースに、SBU横断的に研究・開発、生産・製造、営業・販売、物流・ロジスティックス、財務、情報等の機能を考える。
4：6Cs　　　company(自社)、customers(顧客)、competitors(競合・業界)、context(マクロ環境)の4Csに、collaborators(供給業者)、channels(チャネル)の6つのCを把握分析。

Column 1

ミンツバーグの戦略類型論

　「戦略」は、ビジネスで最も頻繁に使われている用語の一つです。一般的には「組織の使命や目標を実現するための施策の集合体」的に使われているが、実は各人、各社で意味する内容がかなり異なっています。

　経営学において「戦略」が脚光を浴びるようになったのは、1960年代前半のころです。それ以来数多くの研究者がいろいろな戦略論を展開しています。

　戦略の類型論として網羅的なミンツバーグをご紹介します。ミンツバーグはカナダの研究者ですが、米国（中でもハーバード・ビジネス・スクール）中心に発展してきた戦略論を極めて客観的に、時としてシニカルに批評しながら、戦略分野の鳥瞰図を提供してくれています。ミンツバーグの戦略類型のポイントは以下の通りです。

　戦略には、まず、将来のことを定める計画（plan）としての側面と過去においてとってきた行動とその傾向（pattern）としての側面があります。これからの3年間の基本的な戦略は何ですかと問えば、計画としての戦略に関するコメントが帰ってくるでしょう。しかし、過去5年間にとった戦略はどうだったかと尋ねると、実際に実施した打ち手が帰ってくることになるのではないでしょうか。それが長年繰り返されると、一貫した活動パターンとなるわけです。

　計画とパターンの他に、もう2つのPを付け加えることができます。ポジショニングとパースペクティブです。ポジショニングとは、市場に提供する価値をX軸とY軸で表現した、いわゆるポジショニング・マッ

プ上で自社の製品を位置づけること、つまり、顧客市場に対する提供価値を明確にすることそのものです。もう一つは、パースペクティブ、つまり企業ビジョンとしての視点を踏まえて検討するという側面です。企業から市場を見下ろして意思決定をおこなっていくという側面と、企業のビジョンを見上げて意思決定するという側面です。

マイケル・ポーター（1966）の指摘、"Strategy is the creation of a unique and valuable position."（戦略とはユニークで価値のあるポジションの創造である）というのはポジションとしての戦略ですね。一方のパースペクティブとは、ドラッカー（1994）の有名なフレーズを借りれば、"theory of the business" 事業のセオリーとなります。

ミンツバーグの戦略類型論では、戦略としての着目点、つまり、将来を見るのか（プラン）、過去を見るのか（パターン）、上を見るのか（パースペクティブ）、下を見るのか（ポジション）という視点の方向性に、多様な戦略研究グループを幾つかの学派に分類しています。その中の主なものは、以下の通りです。

プラン：デザイン学派、プランニング（計画）学派
パターン：ラーニング学派
パースペクティブ：アントレプレナー学派
ポジション：ポジショニング学派

この他にもアントレプレナーの心理に着目した認知学派、上記すべてを統合したコンフィギュレーション学派があります。

ミンツバーグの戦略類型論の要約

	学派(Schools)	着目点(Aspects of Strategy Formation)
規範的(Prescriptive)	デザイン学派[3] (Design School)	コンセプトを構想するプロセスとしての戦略策定 Strategy formation as a process of conception
	プランニング(計画)学派[3] (Planning School)	形式的な計画プロセスとしての戦略策定 Strategy formation as a formal process
	ポジショニング学派[5] (Positioning school)	市場における製品のポジション(位置づけ)のための分析プロセスとしての戦略策定 Strategy formation as an analytical process to select strategic positions
記述的(Descriptive)	アントレプレナー学派[6] (Entrepreneurial school)	企業家のビジョンの創造プロセスとしての戦略形成 Strategy formation as a process of vision creation by great leaders
	コグニティブ(認知)学派 (Cognitive School)	企業家個人の頭の中でのコンセプト達成プロセスとしての戦略形成 Strategy formation as the process of concept attainment in a person's head
	ラーニング(学習)学派[4] (Learning School)	適応や学習による創発的プロセスとしての戦略形成 Strategy formation as an emergent process through adaptation and learning
他	コンフィギュレーション学派[7] (Configuration School)	ある安定的な状態から別の安定状態に変革させるプロセスとしての戦略形成 Strategy formation as a process transformation from a stable configuration to another

資料:Mintzberg, Ahlstrand & Lampel (1998)"Strategy Safari"The Free Pressを基に筆者訳出修正

注 1:「規範的」学派は、戦略がどのように策定されるべきかに着目するグループである。
　 2.「記述的」学派は、戦略がどのように形成されるかを多角的に描写するグループである。
　 3:プランとしての戦略に着目、4:パターンとしての戦略に着目、5:ポジショニングとしての戦略に着目、
　 6:パースペクティブとしての戦略に着目
　 7:コンフィギュレーションとは構成要素の配置、たとえば設立直後の会社は、企業家的リーダー、
　　シンプルな組織、情熱的ビジョン等から構成される

PART 1

強い会社は、
自社の「立ち位置」が見えている

企業戦略

Introduction
Corporate strategy
Business strategy
Functional strategy
Social Bond
Presentation

04

持続的に企業を成長させるための「企業戦略」の立て方

■ どの事業領域で経営を展開すべきか

　経営戦略という言葉を聞くと、特定事業における収益向上のためのビジネス・モデルを考えたり、競合他社とどのように競争するかという具体的な施策を考えることというイメージをお持ちの方も多いでしょう。

　もし、みなさんの会社が一事業のみの専業メーカーや比較的規模の小さいベンチャーのような会社だったら、まさに経営戦略とは特定事業の戦略を検討することを意味します。

　しかし、みなさんの会社が複数の事業から構成されている場合は、各事業の具体策を考える前に、それぞれの事業にどのようにヒト・モノ・カネという経営資源を配分すべきかを考えなくてはなりません。

　そのためには持続的に企業を成長させるために、どのような事業領域で経営を展開すべきかを考えておく必要があります。このように企業全体を単位に成長領域の選択とその領域間での資源配分をテーマとする経営戦略を企業戦略（corporate strategy）と呼ぶのに対して、企業に含まれる特定の事業の競争優位性と収益性の拡大をテーマにした経営戦略を事業戦略（business strategy）といいます。

　まずは、企業戦略と事業戦略の関係を本質的な視点で考えてみましょう。

PART 1　強い会社は、自社の「立ち位置」が見えている 企業戦略

■ 企業戦略は「経営資源の配分」、事業戦略は「経営資源の活用」

　企業戦略とは、企業の置かれた経営環境(environment)と自社がそれまでに構築してきた経営資源(assets)をベースに、企業が社会に提供する価値や社会的役割としての企業理念（corporate mission）を認識し、中長期的に達成しようとしている目標（goal）やそれを実現していくための大まかな成長方向としての事業領域（scope of business）とそこに含まれる戦略立案の単位となる事業（SBU)[05]を定義すること、そして、そのうえでSBUに資源を最適配分しながら経営資源を拡大していくプロセスと考えられます。

　ここでのSBUとは特有の競合と顧客が存在しており、独自の戦略を立案する必要のある、単一もしくは、複数の事業の集合体と考えてください。

　この企業戦略に対して事業戦略は、投入された経営資源（assets）を事業（business）ごとに展開して、競争優位の構築と市場における需要の充足（顧客に対する問題解決）を果たしながら、収益、利益を実現し、そして究極的には経営資源を拡大していくプロセスと考えられます。単純に表現すると**企業戦略が「経営資源の配分」であるのに対して、事業戦略は「経営資源の活用」です。**

■ 企業戦略は5ステップで考える

　繰り返しになりますが、企業戦略は、時として成長戦略とも呼ばれます。

　企業の成長とは、成長する事業に積極的に経営資源を配分することにより、「経営資源のさらなる充実を図るプロセス」と考えることができます。これを経営の立場で表現すると、まず、自身の経営理念、企業の置かれた経営環境、そして自社の経営資源を基に、企業としての理念を定義し、中長期的に達成しようとしている目標（goal）、そ

05　SBU：
strategic business units。特有の競合と顧客が存在しており、そのため独自の戦略と責任者を擁しており、他の事業単位から比較的独立している単一もしくは、複数の事業の集合体。

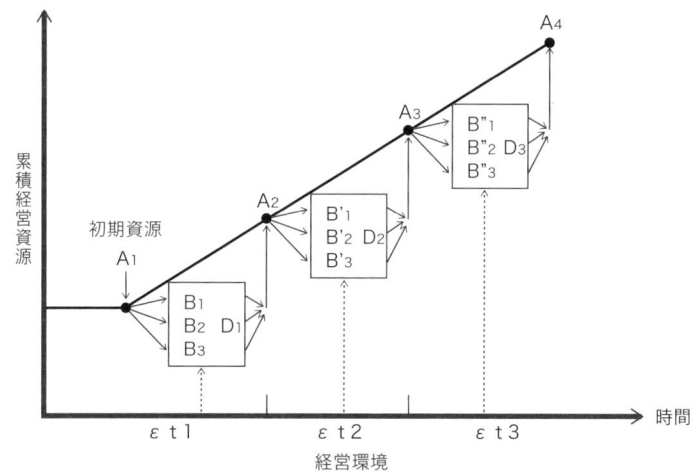

図6:企業成長モデル

資料:嶋口(2000)を基に修正　注:D=事業領域、B=事業

企業の成長とは、企業が構築してきた経営資源を経営環境と組織の価値観に基づき、適切な事業に適切に配分して活用することにより、経営資源の更なる充実を図るプロセス。

してそれを実現していく大まかな成長方向としての事業領域(scope of business)と、そこに含まれる戦略立案の単位となる事業(SBU)を決めます。さらに、各SBUの状況を踏まえSBU間での経営資源配分を行うわけです。

私は、企業戦略を策定する際は、**次の5つのステップで考える**ようにしています。

ステップ①:企業が社会に提供する価値や社会的役割としての企業理念を確認する。
ステップ②:企業のおかれた経営環境と自社がそれまでに構築してきた経営資源を把握する。

ステップ③：それらを基に、中長期的に達成しようとしている成長目標を確認する。
ステップ④：企業理念や成長目標を実現していくための活動領域である事業領域と、そこに含まれる戦略立案の単位となる事業（SBU）を設定する。
ステップ⑤：事業領域に含まれる事業（SBU）に適切に資源配分する

　これから、それぞれのステップごとに留意点を中心にコメントしていきます。

Introduction
Corporate strategy ■
Business strategy
Functional strategy
Social Bond
Presentation

05　ステップ①　企業理念

社会にどのような価値を提供するのか

■ 企業としての「価値観」を明確にする

　<mark>企業理念とは社会に対して提供する価値であり、今後とも守っていくべき社会的役割</mark>と考えられます。

　そもそもなぜ、経営戦略の立案は、企業の理念の確認からスタートすべきなのでしょうか？

　それは、企業としての価値観がはっきりしていないと、次のステップで行うべき経営戦略の構成要素の選択がブレてしまうからなのです。たとえば現状分析をひとつとってみても理念がはっきりしていないと、調査対象に関する境界線が非常に曖昧になってしまうからなのです。比較的みなさんにとってもなじみのある企業の「価値観」を凝縮したメッセージを下記に列挙してみました。

"Inspire the Next"（Hitachi）

"make.believe"（Sony）

"Strives through "C&C" to help advance societies worldwide"（NEC）

"The Power of Dreams"（Honda）

"Emotional Engineering"（BMW）

"Zoom-Zoom"（Mazda）

"Innovative and Practical Solutions"（3M）

038

> "Global Niche Top" (Nitto Denko)

■ 「同じ業界」にいても「競合」とは限らない

　たとえばSonyの"make.believe"には、「人々が夢中になれる感動を生み出したいという願い」が込められているそうです。日立のメッセージは、"Inspire the Next"であり、これには、「次なる世代の社会インフラのイノベーションに息吹を与えていく」とも解釈できるのではと思います。また、NECの場合は、「人と地球にやさしい情報社会をC&Cイノベーションで実現する」ということで、あくまでも事業領域はICTです。

　テクノロジー業界にいる3社ですが、目指すべき方向性がかなり異なります。したがって競合分析の対象も異なってきます。

　まず、Sonyの場合は、夢中になれる感動の創出ですので、ベンチマーク調査の対象としては、間違いなく任天堂とか、マイクロソフトのXboxなどのゲーム機メーカーが含まれると考えます。

　それに対して"Inspire the Next"の日立の場合は、業界で最先端のテクノロジー開発をしている企業が競合分析の対象になるのではないかと思います。

　情報社会を土俵とするNECにとっては、直接競争する戦略を採用するかどうかは別として、IBMは競合分析の対象になるのではないでしょうか。

　ベンチマークとして選択した競合と直接競争する戦略をとるかどうかは、また次元の違う判断です。要は、企業としての価値観が不明確なまま現状分析をしようと思っても、調査対象とすべき顧客や市場、競合や業界の線引きができず、そのため分析も曖昧なものにならざるを得ないということです。

06 ステップ② 現状分析

企業を取り巻く大きな変化は何か

■ マクロな視点での環境分析が求められる

　企業戦略におけるアウトプットは、前述のとおり、事業領域を定義して、そこに含まれる戦略立案の単位となる事業（SBU）を明確にし、そのうえで事業間での適切な資源配分を行うことです。

　企業戦略立案に際して求められる現状分析は、顧客市場の今後の成長性、競合他社との比較による自社の相対的な優位性、市場の成長に影響を与えるマクロ環境などです。

　大きな分析の枠組みとしては、事業戦略で求められている**顧客・市場（customers）、競合・業界（competitors）、自社資源（company）、そしてマクロ環境（context）の4つのC分析**という点で同じです。しかし、**事業戦略では、具体的な競合他社に対する優位性の維持・拡大、顧客市場に対するソリューションの提供を検討する必要**があり、分析のレベルという点では、より詳細なものが求められます。

　ちなみに、マクロ環境分析には、政治（politics）、経済（economy）、文化・社会（society/culture）、技術（technology）、環境（environment/ecology）、法律（law/regulations）が含まれます。一般的には英語の頭文字をとって、PESTELと呼ばれています。

　これらは、社会の根底に流れる大事な要素として、context（文脈）と呼ばれます。**マクロ環境分析＝context＝PESTEL**です。

分析の流れとしては、4C分析を行ったあとで、コントロール可能で＋（プラス）に作用する要素としてS（強み/Strengths）、コントロール可能で－（マイナス）に作用する要素としてW（弱み/Weaknesses）、コントロールが不可能で＋に作用する要素としてO（機会/Opportunities）、コントロールが不可能で－に作用する要素としてT（脅威/Threats）の4つのカテゴリーにまとめる、いわゆる**SWOT（強み・弱み・機会・脅威）分析**を行います。4C分析の詳細につきましては、後ほどPART2で解説する現状分析のフレームワーク（70ページ）をご参照ください。

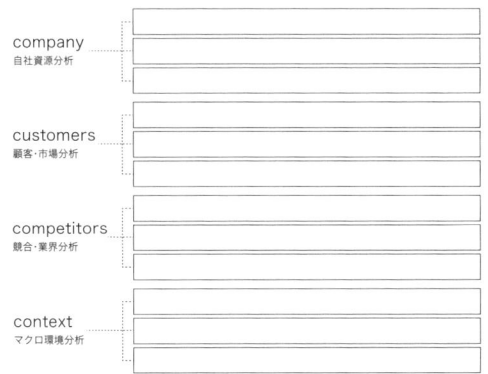

図7：4C分析のまとめ

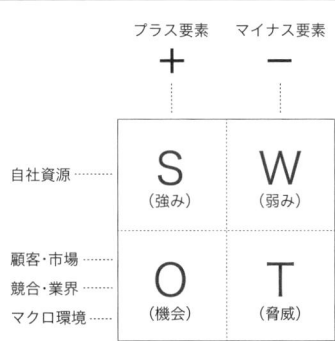

図8：4C分析まとめとしてのSWOT分析

Introduction
Corporate strategy ■
Business strategy
Functional strategy
Social Bond
Presentation

07 ステップ③ 企業目標
計画期間内に
どこを目指すのか

■ 経営は「サイエンス」と「アート」の融合

　SWOT分析の実施により、計画期間内における企業目標(現実的で、かつ、具体的なレベル)の設定が可能になります。

　市場の規模と成長性がある程度把握でき、競合他社に対する自社の相対的優位性が、分析結果から明らかになっています。企業理念や各事業から上がってくる計画目標なども参考にしながら、企業目標を設定します。

　目標は、売上高、利益額、市場シェア等の測定可能な指標で特定してください。同時に目標は明確であればあるほど、やる気がわいてくるというものです。もちろん、達成可能なレベルでないといけませんが、「そう簡単ではないけれど、やってできないというレベルではない。一丁やってやろうじゃないか!」と感じられるレベルが理想です。

　このあたりは、経営がサイエンスとアートの融合と言われるゆえんだと思います。

■ 「目標設定」の意味合いは状況によって変わる

　企業をとりまく経営環境の変化が安定しており、今後の将来予測が比較的容易で、かつ企業側の積極的に働きかけによって市場、競合、制度や法律などを比較的容易に変えられるような状況において戦略を

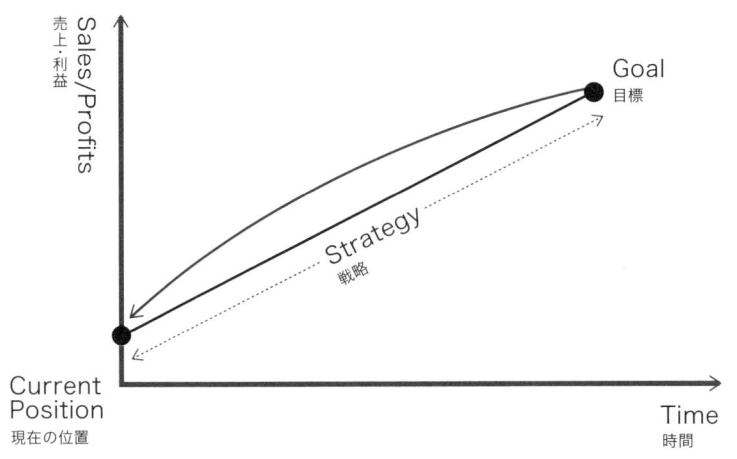

図9：目標設定

検討する場合と、環境変化が激しく、予測可能性が困難であり、かつ、企業側の働きかけによって市場や競合等に影響を及ぼすことのできる余地がほとんどないような場合では、目標をはじめとする戦略構成要素を事前に策定することの意味合いが大きく異なってきます。

　将来を予測することが容易で、対環境相互作用性が高い場合には、目標は、経営を実践していくためのガイドラインであり、守るべきものであり、統制のベースになるものとしての役割が期待されます。

　環境予測可能性が低く、対環境相互作用性も低いような場合は、目標は試行錯誤しながら仮説を検証していくための一つの基準という意味合いで設定されるべきと考えます。守ることよりも、環境の変化に柔軟に対応することを最優先に考えて、当初のアイデアを修正して、より良い戦略にしていくためのたたき台的にとらえる必要があります。

　162ページのコラムもご参照下さい。

Introduction
Corporate strategy ■
Business strategy
Functional strategy
Social Bond
Presentation

08　ステップ④　事業領域

どのような顧客に、どのようなソリューションを提供するか

■ 製品・市場マトリックスで事業領域が見える

　さて、達成すべき目標が明確になったところで、今度はそれを達成するための土俵である、事業領域を設定します。

　事業領域は、どのような顧客や市場に対して、どのような製品やソリューションを提供するかという2軸で定義することができます。一般的には、製品・市場マトリックスを使って表現します。

図10：製品・市場マトリックス

		市場			
		I	II	III	IV
製品	A	A事業	B事業		
	B	A事業			
	C		C事業		
	D				

通常、横軸（x軸）に市場（お客様の集合体）、縦軸（y軸）に製品（ソリューション）をとって現在の事業の範囲を表現します。セルの1つずつが、事業ユニット（BU）ですが、このBUが単独で、もしくは複数統合されて戦略立案のベースになったものを戦略事業単位（SBU）と呼んでいます。

■ 事業領域はどのような状況にあるか

図10では、A、B、Cの3つの戦略事業単位が存在していることが理解されます。この事業のポテンシャルを検討する際には、各SBUに含まれる個々のBU（製品・市場から構成される最小の事業単位）の市場規模を円の大きさで、各事業の市場の成長性を矢印の傾きで、そして、自社のシェア[06]をくさびで表現して評価することになります。

以下のチャートでこの企業の事業領域の状況を考察してみてください。

図11：現状の把握

		市　場			
		I	II	III	IV
製品	A	◐→	◕→		
	B	◔→	◕↘		
	C	◔→	◔→		
	D				

06　シェア：
実際のシェアがデータとして入手できない場合は、競合に対する自社の相対的優位性から推定。

規模はおそらく十分あるものの、今後この領域で大幅に市場が成長するという期待はできません。

しかし、あくまでも、現在の製品・市場領域でのシェア・アップを図る戦略（これを市場浸透=market penetrationといいます）を推進するとしたら、どのような打ち手が考えられるでしょうか。競合企業の顧客を奪い取る戦略とか、現在の顧客が使用している製品の使用頻度アップや、一回あたりの使用量の拡大、さらには、既存市場の中でまだ使った経験のない非ユーザーの発掘等を実施していくことが必要になります。

■ 市場開発・製品開発・多角化

一方、既存製品を新たな市場に投入することによって成長を試みる戦略を市場開発（market development）と呼びます。たとえば、今ある製品を今後成長が期待されるアジア新興国、南米、ロシア、アフリカ市場等に投入する戦略です。

ここでの市場開発とは、地理的に新しい市場に打って出ることだけではなく、対象市場を、大企業、中小・零細企業、または、家庭にまで広げるような展開も含まれます。

これに対して、既存市場に対して新製品を投入することによって、成長を達成しようとする方向性を製品開発（product development）と呼びます。**物理的な製品のみの販売に加えて、デザイン、サービス、コンサルティング等のソフトも加えて展開するという戦略も製品開発戦略と考えていただいて結構です。**

最後に、製品も市場も同時に新しくする、いわゆる多角化（diversification）です。多角化したからといって、その市場でビジネスがすぐ軌道にのるわけでもありませんし、当然、魅力的な市場であればあるほど、そこではより厳しい競争が想定されます。また、**不確実性が多いこともあり、一番リスクの高い選択が多角化戦略でもある**

わけです。

　市場浸透の事業を進めながらも、企業は成長を求めて市場開発、製品開発、多角化というさまざまな事業の可能性を探索しながら実際の展開を図ることになります。事業はそれぞれ役割、リターン、リスクが異なるため、ヒト・モノ・カネといった資源配分も違ったものになってきます。**複数の事業間で数に限りのある経営資源をどのように配分すべきなのかということが次のテーマになります。**

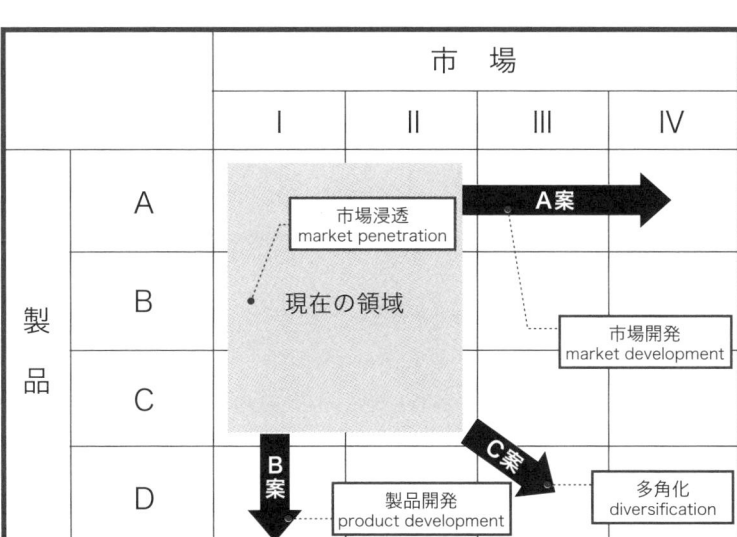

図12：将来の方向性を示唆

■ グローバル展開は「2段階スクリーニング」で考える

　44ページ図10の製品・市場マトリックスを活用して海外市場での可能性を探索するとしたらどのようになるのでしょうか。

　はじめから全世界市場を対象に可能性を検討することは、あまり合

理的な方法ではありません。私は、グローバル展開を検討する際には、**2段階スクリーニング**をお勧めしています。

　まず、みなさんが提供したいと考えている製品やソリューションの普及率に強い相関関係のある指標を選び、その指標を用いて魅力のありそうな市場を5～10地域選択し、そのあとで詳細な評価項目で最終的に対象地域を選んでいくという方法です。

　一般的には以下のような評価の視点で海外市場の選択が行われると思いますが、みなさんはこれらの指標をどのように感じられますか？

①経済的な富裕度
②人口の増加率
③経済インフラ
④文化的類似性
⑤地理的な近接性
⑥政治的リスク
　　　　　⋮

　こうした指標は、まったくまとはずれということではなのですが、当たらずとも遠からず感があります。一つの事例をご紹介しましょう。

■ 事例：Nestleのグローバル展開

　ネスレは以前、インスタント・コーヒー事業をグローバル市場で展開する際は、一人あたりのコーヒー消費量と全コーヒー消費に占める家庭用インスタント・コーヒーのシェアを用いて、いくつかのグループに分けてグローバル展開を考えていました。

　少なくとも、一人あたりのGDP等などの経済指標よりも格段当該事業に関する市場性を適切に評価できると思います。

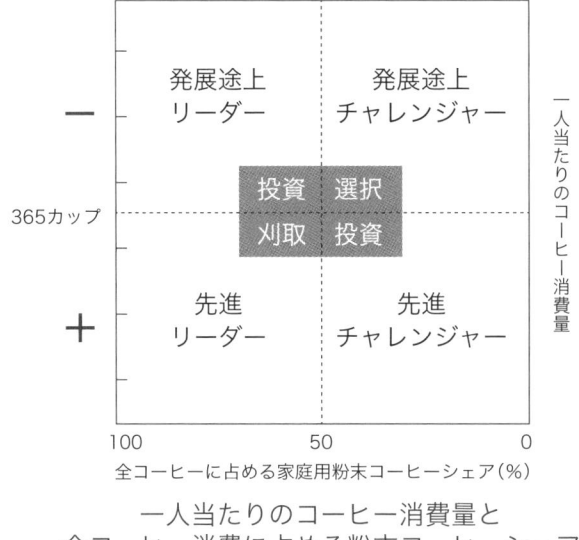

図13：Nestleのケース

一人当たりのコーヒー消費量と
全コーヒー消費に占める粉末コーヒーシェア

注： 粉末コーヒーのシェアが低い象限では、R＆Gコーヒー(roast & groundが中心)となっている。

■ 評価項目の選別方法

さて、もしみなさんの会社が、食洗機のメーカーだとして、それを海外展開する際は、どのような指標で第一次スクリーニングをしたらよいと思いますか。

私たちの調査では、少なくてもGDPの伸び率や人口の伸長率などよりも、女性の就業率や世帯規模等の変数のほうが、食洗機の普及率という目的変数には説明力が高いという結果が出ています。

このような要素をグローバル市場に関する評価指標として使い、効率的にポテンシャルの高い海外市場を絞り込んでいきます。

ご参考までに、第一次スクリーニングで抽出された地域市場の中から、やや詳細な第二次スクリーニングを行う際に使う評価項目(例)を載せておきます。

図14:市場性を判断する指標の活用

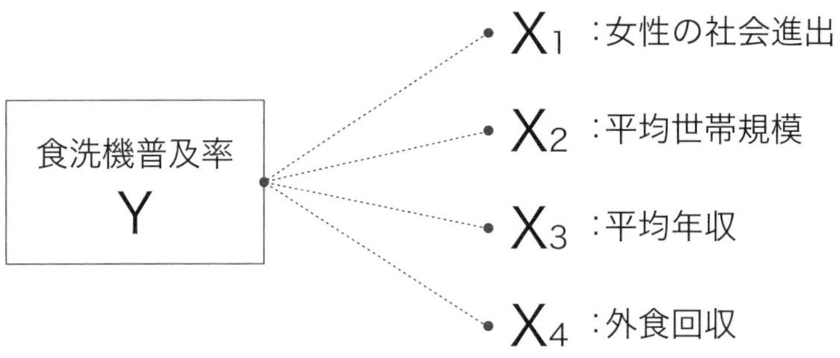

食洗機普及率 Y
- X_1:女性の社会進出
- X_2:平均世帯規模
- X_3:平均年収
- X_4:外食回収

図15：現海外地域市場比較評価（例）

市場の魅力度	重要度(1-5)	国/地域-1-	国/地域-2-	国/地域-3-	地域-4-
市場規模					
市場成長性					
競争状況					
市場収益性					
資源の適合度	重要度(1-5)	国/地域-1-	国/地域-2-	国/地域-3-	地域-4-
開発・技術の適合性					
生産・設備の適合性					
販売・チャネルの適合性					
シェア・競争地位					
合計					

09 ステップ⑤ 資源配分

ヒト・モノ・カネを
どう配分するか

■ 企業戦略の締めくくりが「資源配分」

いよいよ企業戦略の締めくくり段階です。

すでに製品・市場マトリックスによって、自社の土俵としての事業領域が定められています。その次にくる資源配分のステップでは、**すでに明確になっている事業領域の中のどの事業（SBU）にどの程度のヒト・モノ・カネという有限で貴重な経営資源を配分したらよいか**ということを決めることがテーマになります。

固い表現をすると、個々のSBUに対する適切な投資水準を決定することとなります。それはとりもなおさず、どのSBUへの資源供給を抑制すべきか、どのSBUが資源の供給を行うべきかを決定することといってもよいかと思います。

■「製品」ではなく「SBU」を単位とする

このステージで使われるツールがPPM（いわゆる「プロダクト・ポートフォリオ・マネジメント」、直訳すると「製品を組み合わせて管理する」）です。

「製品」といいましたが、原則、単位は独立した事業としてのSBU[07]と考えてください。一定の資源を裁量下において利益センターとして、利益を追求する単位でないと意味がありません。

---

07 事業：
独自の戦略と責任者を擁しており、利益センターとして利益を追求する単位。

資源を配分することがテーマですので、たとえば、営業パーソンが複数の製品を担当しているような場合は、製品からすると営業パーソンという経営資源を共有しているようなことになり、その状態で製品を単位に資源配分しても意味がないことは言うまでもありません。この資源配分は企業を単位にする場合にはSBU間で行われることに注意してください。

■ ボストン・コンサルティングが開発したPPMの4象限

資源配分に使われるツールがプロダクト・ポートフォリオ・マネジメント（PPM）です。代表的なものにBCG（ボストン・コンサルティング・グループ）が開発したマトリックスがあります。

これは、**Y軸で市場の成長率を示し、X軸で事業の相対的シェア（自**

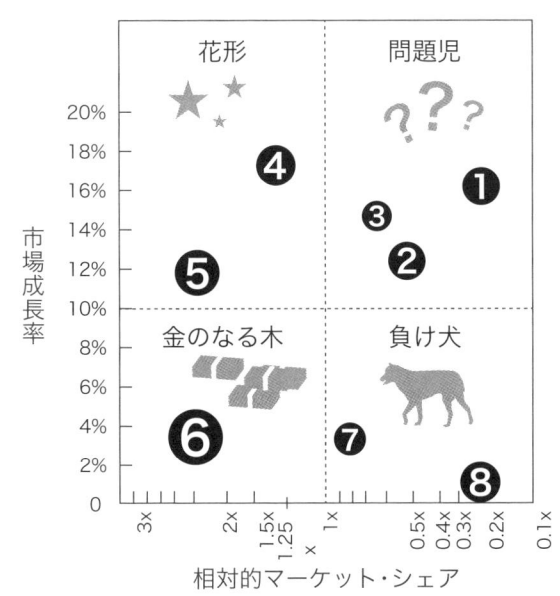

図16：BCG型ポートフォリオ・チャート（定量評価によるPPM）

社のシェア÷最大の競争業者のシェア）を対数目盛りで表現し、この2軸の上にSBUをプロットするものです。

SBUは以下の4つに分けられます。

①問題児（Problem Children/Question Marks）
　相対的シェアを拡大するためにキャッシュの投入が必要となるSBU
②花形（Stars）
　市場シェアが大きい分、キャッシュを生み出すが、市場の成長率も高いため、競争のコストもかかるSBU
③金のなる木（Cash Cows）
　市場シェアは高いが市場が成熟化しているため、安定した収益源となるSBU
④負け犬（Dogs）
　すでに市場は成熟し、シェアも獲得できなかったSBU

このポートフォリオ・モデルは、金のなる木が生み出すキャッシュと負け犬を整理して得たキャッシュを、問題児のSBUに投入し、それを花形、さらには金のなる木に成長させるための投資決定を支援するものです。

■ Y軸とX軸を比較する

ビジネス・ポートフォリオには、定量的なBCG（ボストン・コンサルティング・グループ）のモデル、定性的なGEのモデル、Y軸をプロダクト・ライフ・サイクル（導入期、成長期、衰退期、成熟期の4つの段階）で表現するモデル等があります。

それぞれのY軸とX軸の比較によって、PPMの本質がよく理解できます。

PART 1 強い会社は、自社の「立ち位置」が見えている 企業戦略

図17：現GE型ポートフォリオ・チャート（定性評価によるPPM）

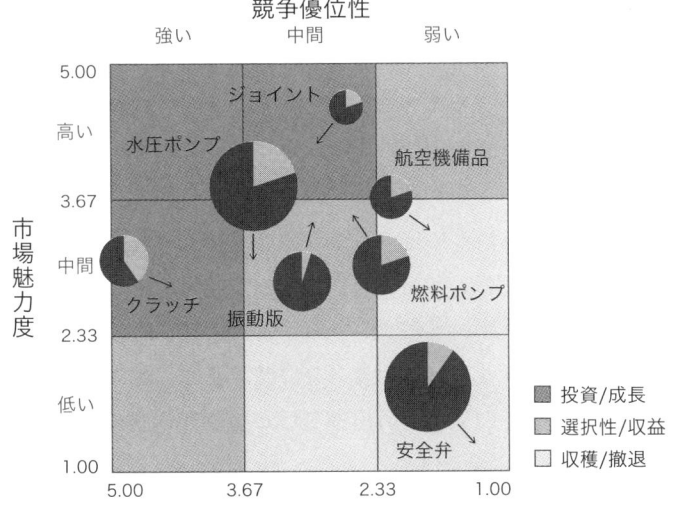

図18：PLCベースのポートフォリオ・チャート

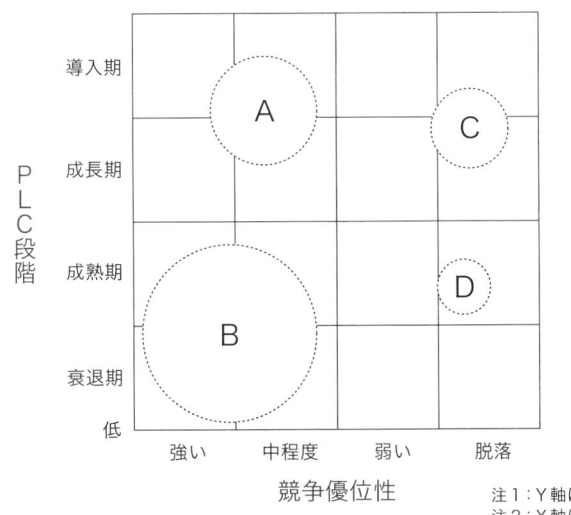

注1：Y軸はPLC
注2：X軸は競争優位性

どのモデルでもY軸は市場の魅力度を表現しています。具体的には、上にプロットされるSBUは基本的に魅力的な市場であり、したがって競争も激しく、投資が必要という解釈であり、下にプロットされるSBUは、市場の魅力度は低く、競争はマイルドになり、投資は控えて別の事業をサポートするという方向感になります。

　X軸については、左に位置づけられるということは、競争優位性が高い、シェアが高い、つまり規模の経済[08]や経験曲線効果[09]でコストが下がり利益を出しやすいということになります。右に位置づけられるということは、その逆で、競争優位性が低く、シェアが低いため、規模の経済や経験曲線効果が働かず、コストが高く利益を出しにくい状態になっていると考えます。**たった2つの軸ですが、企業がポートフォリオとして手がけている事業の位置づけと役割を明確に方向づけることができます。**

　作成テクニックとしては、まず、相対的なシェアの出し方に注意してください。相対的マーケット・シェアは、自社が1位の場合は自社シェア÷2位企業シェアで計算します。自社が2位以下の場合は、自社シェア÷1位企業シェアで求めることができます。さらに、相対的マーケット・シェアの軸は対数軸で表します。中央を1として、左端が10で、右端が0.1になります。最後に、円の大きさは、その事業の現在の事業規模（売上）で表現します。実際には以下のようなワークシートを活用することをお勧めします。

■ PPMに対する批判

　このPPMにはいくつかの批判も従来から寄せられています。たとえば、次のとおりです。

・現実的に単純すぎる(事業の魅力度は成長率だけではない、競争優位性も市場占有率だけでは不充分)

08　規模の経済：
生産高が増えることにより固定費が分散されて、単位当たりのコストが下がるというメカニズムを指す。

09　経験曲線効果：
経験と効率との間の関係を示す経験則である。単に経験効果とも呼ばれる。一般に個人や組織が特定の課題について経験を蓄積するにつれて、より効率的にその課題をこなせるようになることを指す。また累積生産量の増加に伴って、製品数量ごとの間接費を含めた総コストが予測可能な一定の割合で低下していくことを指す。

図19：ワークシートの活用

PPMの分析単位(事業、製品、市場、顧客)	Y軸 市場成長率	X軸 自社製品(事業)の市場シェア	X軸 トップ企業の市場シェア	X軸 相対的市場シェア	PPMのカテゴリー	社内における売上構成比
A	11	30	15	2.0	★	30
B	3	36	12	3.0	🐄	40
C	10	20	60	0.3	?	20
D	5	8	20	0.4	🐕	10

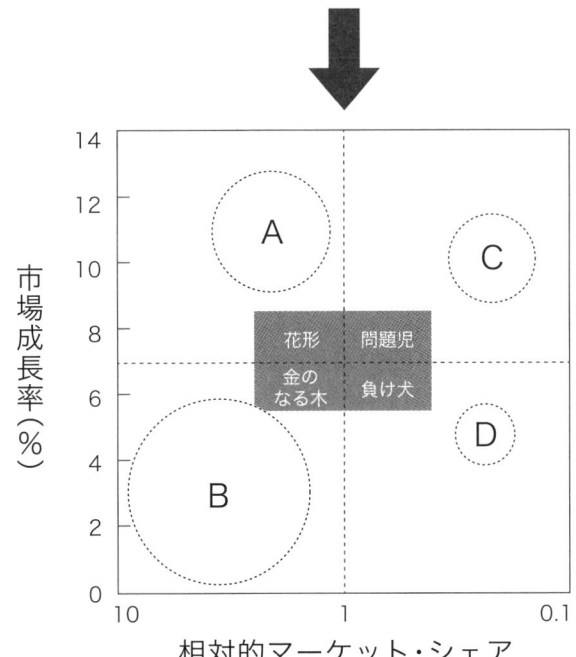

注：Y軸の中点は、各事業の平均成長率とか企業としての資本調達平均コストを用いる

- 新規事業開発が無視される
- 事業の相互関連性が見逃される
- 象限の呼び名が誤解をまねく
- 経営管理過程に組み込むには時間がかかる
- 経営計画部門において多大な陣容と権力の集中が起こる
- PLCが必ずしも正しいとは限らず、時として企業努力によって市場を成長させることができる
- 低コスト化は何も経験曲線効果だけではなく、オープン・イノベーションなどによっても可能である
- 各事業間でのシナジー効果が配慮されていない

　中には言いがかりと感じられるような問題の指摘もありますが、資源配分の本質（つまり、どの程度のリターンが各SBUから得られるのかということですが）を考えて、有効に活用していただきたいと思います。
　少なくとも、「全部の事業をすべからく、全力を挙げて死守して、攻めて攻めて攻めまくる！」などというメッセージを出さないようにしていただきたいと願っています。もし主張していただくとしたら、「攻める、守る、削る！　をはっきりさせよ」です。

PART 1　強い会社は、自社の「立ち位置」が見えている　企業戦略

Column 2

経営戦略にも
条件適合的なアプローチが必要

　私は、専門が産業財マーケティングということもあり、重電、自動車、エレクトロニクス、精密、ハイテク、ICT等の業界の企業のみなさんとのお付き合いが多いのですが、最近は従来のような請負型の伝統的なコンサルティングが減少し、マーケティング・リサーチや海外プロジェクトに関するコンサルティング、そしてコンサルティングと研修のハイブリッドのようなアクション・ベースド・ラーニングのプロジェクトが増えています。

　アクション・ベースド・ラーニングのプロジェクトでは、部長、本部長クラスの方に、ご自身が担当している事業ユニットに関してビジネス・プランを書いていただくのですが、業績を上げている事業ユニットのトップが作るプレゼン資料とそうでない部門の方の資料に微妙に違いがある印象を受けています。
　苦労されている事業部の部長さんのプランは、傾向として、何でもかんでも、てんこ盛り感満載の資料なのです。これでもかという感じで分析フォームを作って、すべての事業や製品に関してがんばる！という感じが濃厚なプレゼンなのに対して、成果を出している部長さんのプレゼンは、攻めるところと捨てるところ、また、守るところがはっきりしています。また、事業の置かれた環境、つまり将来の予測が可能な事業かどうかで、計画の細かさを使い分けている感じがするプレゼンなのです。
　予測可能な公共セクターの業務に関するプレゼンには、市場予測をき

っちり入れて、そこでのシェアをしっかり確保するための、個々の顧客への価値提案とアプローチが明確に記載されています。予測ができないような新事業に関しては、ミッションとシンプルな戦略仮説（顧客になりそうな企業のリストと、それに対するソリューションのプロトタイプ程度の記載）で、あとは仮説の当てが外れた際のオプションが簡単に説明されている程度のシンプルな提案書なのです。

　30ページのコラムに書かせていただきましたが、戦略の本質に関する考え方は、実に多岐にわたっています。考え方の違いは、事業に関する環境予測可能性と対環境相互作用性の2つから生じているというのが私の考えです。
　環境予測可能性とは、市場、競合、マクロ環境の変化をどの程度予測できるかということであり、対環境相互作用性とは、市場や競合等にどの程度影響を行使できるかということを意味します。図Aの第1象限は予測可能性が低く、でも対環境相互作用性が高い業界です。まだ業界が確立されておらず、参入障壁は低く、需要も競合の動向も想定しにくのですが、こちらの動き次第で業界の構造を大きく変えることができる余地が多くある、たとえば、ICTや先端医療機器のような業界です。第2象限は、環境予測可能性、対環境相互作用性ともに高く、企業側が将来ビジョンを主体的に実現していけるような業界、たとえば航空業界、防衛業界などです。第3象限は、環境予測可能性が高く安定していますが、こちらか働きかけて市場とか競合に影響を及ぼすことが直接的にできないような業界です。たとえば、自動車業界、物流業界などです。最後が予測可能性も対環境相互作用性も低い業界、たとえば電子デバイスや建材業界などです。

ミンツバーグは、戦略には、将来のことを定める計画（plan）としての側面と、環境が変化するたびに学習を繰り返して適切と考えられる戦略オプションを考え、選択し、実行するという創発的に形成される側面があるとして指摘しています。創発的に形成されたものが傾向を伴うときにパターンとして認識されるわけです。

　さらに、戦略はパースペクティブ、つまり企業ビジョンとしての視点を踏まえて検討するという側面と、市場に提供する価値をＸ軸とＹ軸で表現した、いわゆるポジショニング・マップ上で自社の製品を位置づけること、つまり、顧客市場に対する提供価値を明確にするという側面があるともコメントしています。戦略とはあらかじめ計画的に定められると同時に創発的に形成されるわけですが、計画性と創発性のどちらを重視するか、経営戦略の策定スタイルをどのように考えるかは、戦略策定の対象としての事業特性に依拠すると考えます。経営戦略策定のスタイルは、事業環境に対して条件適合（コンティンジェンシー）的でなければならないのです。

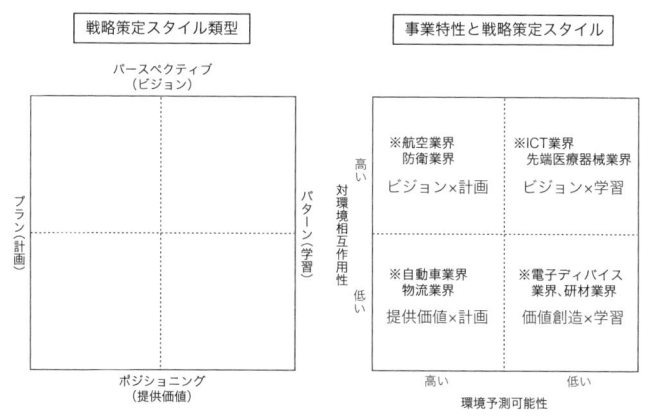

策定スタイル選択に関するコンティンジェンシー的なアプローチ※注

注：外部環境の変化に応じて対応方針を柔軟に変化させようという理論

PART 2

強い会社は、
各事業が「シェア」を順調に広げていく

事業戦略

Introduction
Corporate strategy
Business strategy
Functional strategy
Social Bond
Presentation

10 事業の範囲を定義して、とるべきポジションを明確にする

■「企業戦略」と「事業戦略」の位置関係をつかむ

　これからいよいよ、最も「戦略らしい戦略」である事業戦略について考えていきます。

　PART1では、企業を主体に、それに含まれる複数の事業間における経営資源の配分についてPPMを用いて検討いたしましたが、**事業戦略では、PPMの円で表現された特定の事業ユニットが主役になります。**

　本書では以下の特徴を有している単位を「事業」として考えます。

・製品と市場から構成されている
・独自の戦略と責任者を擁している
・特有の競合他社と顧客が存在している
・利益センターとして、利益を追求している
・一定の資源を裁量下に置いている

　経営トップから、事業にヒト・モノ・カネの資源が配分された時点で、主役が経営陣から、各事業の責任者に移ることになります。

　PPMを使って表現しますと、事業の責任者は、配分された経営資源を活用することによって、どうしたらその事業の円の面積を大きくしながら（つまり、売上を拡大しながら）、左にシフト（つまりシェ

PART 2 強い会社は、各事業が「シェア」を順調に広げていく 事業戦略

図20：事業の本質

- 製品と市場から構成されている
- 独自の戦略と責任者を擁している
- 特有の競合他社と顧客が存在している
- 利益センターとして、利益を追求している
- 一定の資源を裁量下に置いている

注：Abell and Hammond、Hutt & Spay等の資料を基に定義

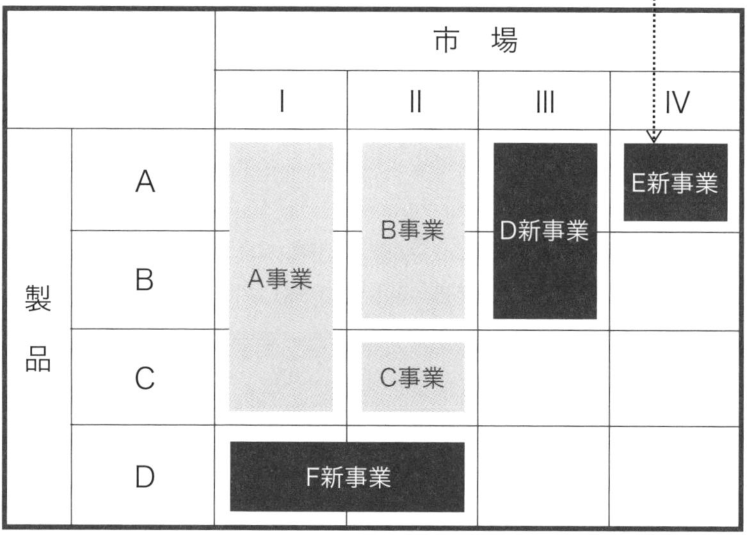

		市　場			
		I	II	III	IV
製品	A		B事業	D新事業	E新事業
	B	A事業			
	C		C事業		
	D	F新事業			

065

ア・アップ）させることができるかを考えます。

　そのためには、現在の状態を基に、将来の目標を設定して、その目標達成の方策を考えることになります。つまり、現状分析をして、達成可能な事業目標を設定して、その目標を達成していくための手段を考えることになるわけです。ここで言う手段とは、どのような顧客市場にどのような製品・サービスを提供するのかという、いわゆる事業の範囲を定義し、そこにおける競争上のポジションを明確にするということです。

■「戦う」か「戦わない」かを選ぶ

　事業の範囲を定義するということは、特定の顧客市場を選択することを通して、対象とするお客様がすでにお付き合いしている、あるいはこれから取引をすることになるかもしれない競合他社を結果として選択することを意味します。そのため、事業戦略では、選択した事業の中で自社の競争上のポジションを明確にすることが大きなテーマになります。競合他社と自社を比較して勝てそうであれば直接競争し、勝ち目がないようであれば競争を回避する方策を選択することになります。

　企業戦略では事業の選択と資源の集中に力点が置かれましたが、**事業戦略では、選択された事業の範囲を定義して、そこでの競争上のポジションを明確にすることがメイン・テーマです。**

　PART2では、事業戦略（狭義）をテーマに、以下の戦略番号⑥～⑩について説明を加えていきます。

ステップ⑥：事業ビジョンを設定する
ステップ⑦：現状分析を行う
ステップ⑧：事業目標を設定する
ステップ⑨：事業範囲を定義する
ステップ⑩：競争戦略を立案する

PART 2　強い会社は、各事業が「シェア」を順調に広げていく　事業戦略

図21：事業戦略の策定フロー

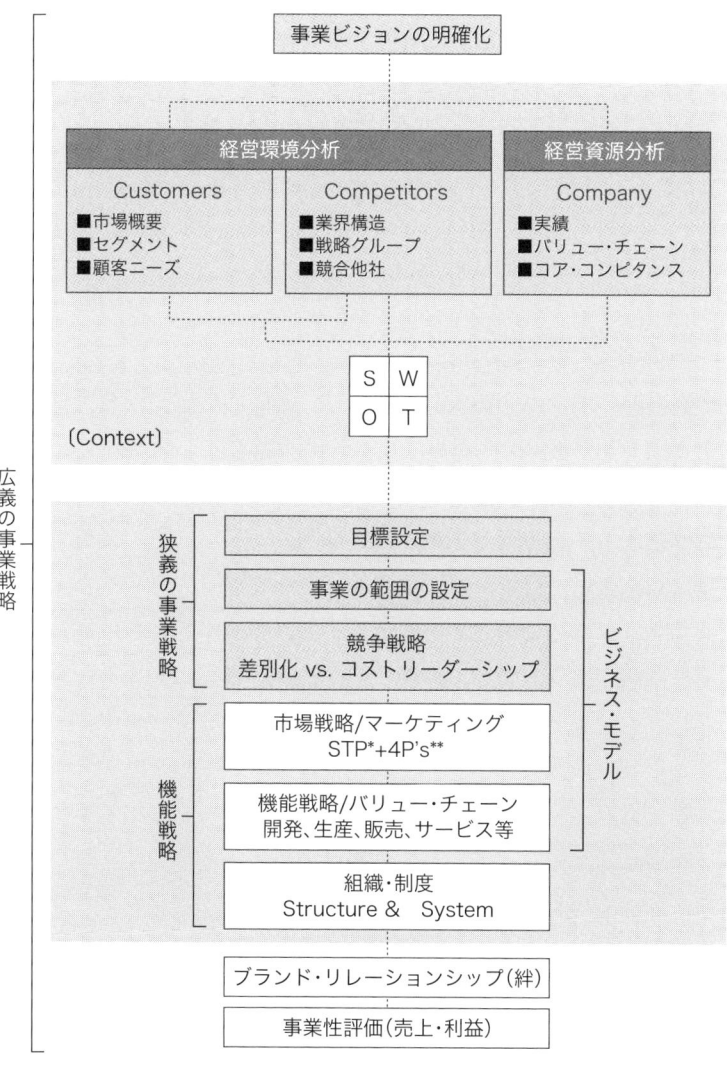

＊STP：Segmentation, Targeting, Positioning（市場と効用の選択）
＊＊Product, Price, Place, Promotion
　　STP+4Pは市場戦略で、標的市場に対する問題解決を提供するプロセスである。

Note: The above chart was reprinted form the book written by Eric Eiichi Kasahara, President of Asia Pacific Research Institute of Marketing　http://www.aprim.jp

11 ステップ⑥　事業ビジョン
「達成したい、ありたい姿」はどのようなものか

■「ミッション」と「ビジョン」

　事業戦略の場合も企業戦略と同じで、価値観の確認からスタートするとよいと思います。"思い"なくして戦略なし、戦略なくして営業なし、営業なくして受注なし、受注なくして人生なし！とは私が個人的に尊敬する、ある大手企業の営業部門のトップの方の言葉です。

　"思い"を表した言葉に、ミッションとかビジョンがあります。ミッションとは日本語で理念とか使命と訳されますが、社会に対してどのような価値を提供していくのかという社会的役割と考えられます。言うなれば、企業として進むべき方向性を指し示しています。

　ミッションの重要性については、ここで改めて言うまでもありません。産業育成というミッションを見失った銀行が踏み出してしまった誤った道と、そのことによって世界経済が被った負のインパクトがすべてを語っていると思います。企業戦略では、ミッションという進むべき方向性を踏まえながら、魅力的な事業領域を選択し、そこに優先的に資源を集中させていくことが大きなテーマでした。

　事業戦略では、なぜ「達成したい、ありたい姿」なのでしょうか？方向性であるミッションを意識しつつも、事業の置かれた環境を踏まえて、具体的に「達成したい、ありたい姿」を共有することで、事業を担当する人々のエネルギーを結集することができると考えるからな

のです。この **「達成したい、ありたい姿」を具体的に示したものをビジョンと呼びます。** 日本の多くの製造業は、国際競争に勝つというビジョンを掲げて戦ってきたのです。そういう企業が今日の厳しい環境の中でも生き残って成長を続けています。その一方で、グローバル競争に勝つという意識の欠落した産業は競争力を失っています。

■「ビジョン」には2種類ある

ビジョンのタイプとしては、以下のようなものがあります。

・ドリーム・ドリブン（夢牽引型）：
　再生エネルギー業界で世界一になる、世界最速のコンピューターを作る、火星にいく、難病疾患から患者さんを救うなど
・ナンバー・ドリブン（数値牽引型）：
　シェア3割アップを達成する、利益2けた成長を実現する、3年以内に年収をダブルになど

　この2つのビジョンを組み合わせるケースもあります。 基本的には、夢で牽引するタイプのビジョンを採用しつつ、実行に際しては、そのビジョンを数値に分解して実行部隊に伝えるような場合です。

12 ステップ⑦　現状分析

その事業の「現状」と「将来」はどうか

■ 事業戦略立案のための4C分析

　事業戦略立案に際して求められる現状分析は、大きな枠組みとしては、企業戦略で求められている分析の項目と同じです。**顧客・市場（customers）、競合・業界（competitors）、自社資源（company）、そしてマクロ環境（context）の4つのC分析を基本としています。**

　しかし、事業戦略では、選択した事業の中で自社の競争上のポジションを明確にすることが求められるわけで、分析のレベルという点では、より詳細なものが求められます。

　事業戦略策定のための分析体系図は右ページのとおりです。

■ 顧客・市場分析（customers）

　顧客・市場分析については、まず、①買い手である顧客の集合体としての市場全体で捉えることからはじめて、②同じような選好を示すグループである、いわゆるセグメントの分析を行い、③主要セグメントにおける個々の顧客ニーズを探索するという手順をお勧めしたいと思います。**市場全体というマクロの視点からスタートして、個々の顧客というミクロの視点まで分析を深めていくアプローチ**です。

　まず、市場全体については、市場規模（顕在・潜在）、市場成長性、市場収益性、チャネル構造等につき2次資料をもとに検討します。

PART 2　強い会社は、各事業が「シェア」を順調に広げていく　事業戦略

図22：事業戦略策定のための分析体系図

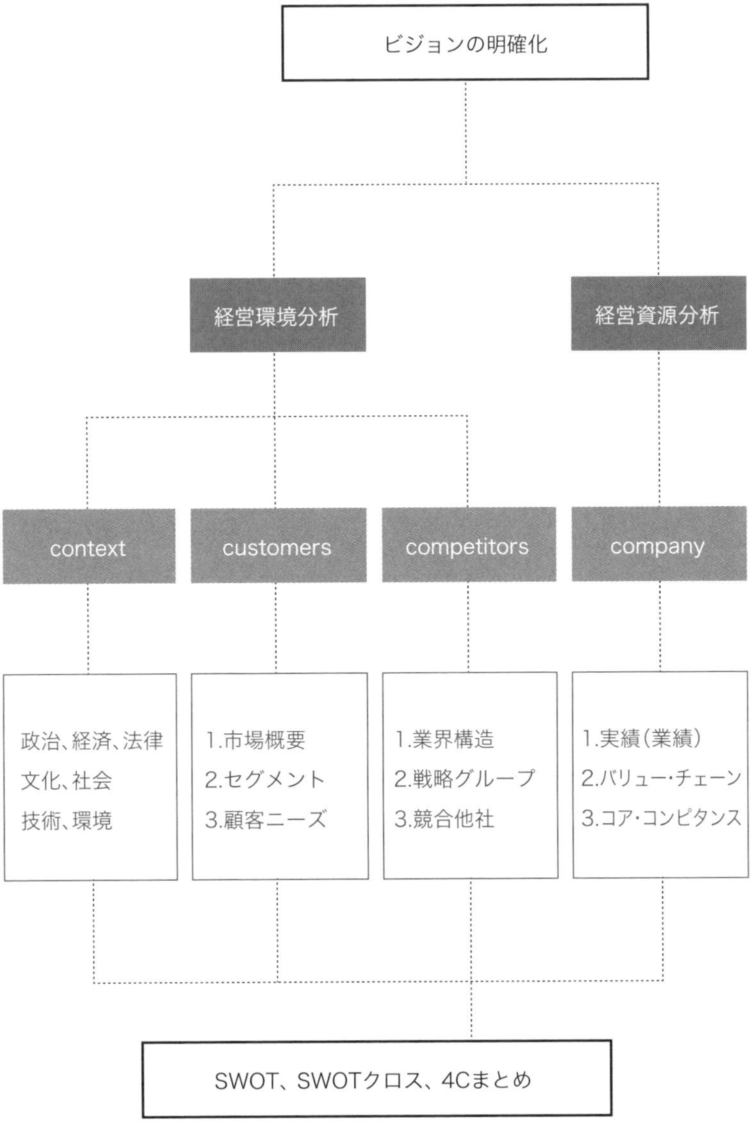

```
                    ビジョンの明確化
                          │
          ┌───────────────┴───────────────┐
      経営環境分析                    経営資源分析
          │                              │
   ┌──────┼──────┬──────┐                │
context  customers competitors        company
```

context	customers	competitors	company
政治、経済、法律 文化、社会 技術、環境	1.市場概要 2.セグメント 3.顧客ニーズ	1.業界構造 2.戦略グループ 3.競合他社	1.実績（業績） 2.バリュー・チェーン 3.コア・コンピタンス

SWOT、SWOTクロス、4Cまとめ

次に、市場全体を同じような選好を示すグループに分け、セグメントごとの市場としての魅力度（セグメント規模やセグメント成長性）と自社の優位性（セグメントごとの購買決定要因と自社の製品・サービスとの適合度やセグメント別自社シェア）で判断します。

セグメントに分ける作業がセグメンテーション（市場細分化）ですが、消費財市場および産業財市場において市場細分化の基準として参照すべき要素が異なります。違いがわかるように以下にリストアップしておきます。

消費財市場に関する分類基準（例）

■人口統計変数：年齢、所得、性別、職業、階層
■購買行動変数：目的、購買頻度、購買経験、態度
■地理的変数：国、地域、都心、郊外、地方
■心理的変数：ライフスタイル、関心事、性格

産業財市場関する分類基準（例）

■購買企業/組織に関する変数：業種、業態、産業、企業規模（大手、中小、零細）、戦略的ポジション（リーダー企業、フォロワー企業…ほか）、対象市場（ハイエンド、ローエンド）
■購買状況変数：購買状況（新規購買、再購買、修正再購買）、購買経験・能力（サービスに対する必要度）
■購買行動変数：購買頻度/購入量（多、中、少）、購買センター（規模、構成）、購買基準(技術力、コスト、サービス…ほか)、購買/調達スタイル(集中化/一元化、分散化)

顧客・市場分析の最後の単位が、上記のセグメント分析で明らかになった魅力的なセグメントでの主要顧客です。顧客の満たされないニーズ（英語ではこれをunmet needsといいます）を明らかにします。

図23-1：市場を細分化して（同じような選好を示すグループに分けて）、セグメントごとの購買決定要因（KBF）を明確化

セグメンテーション Ⅰ

	Ⅰ	Ⅱ	Ⅲ
A	1. 2. 3. 4.	1. 2. 3. 4.	1. 2. 3. 4.
B	1. 2. 3. 4.	1. 2. 3. 4.	1. 2. 3. 4.

セグメンテーション Ⅱ

注：数字はKBF（key buying factors）を重要度の高い順に並べたもの。

図23-2：優先的にアプローチすべき戦略セグメントの見当をつける

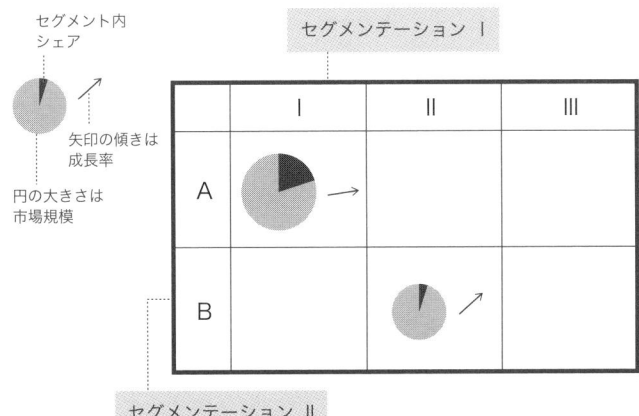

市場の魅力度には、規模（顕在・潜在）、成長性、競争状況（質・量）などの要素が、競争優位性には、現在のシェア、KBFに対する自社資源適合度、ニーズ充足度等の要素が含まれる。

一年に最低一回という頻度を定めて、定期的に顧客満足度調査をサーベイという形で実施する企業もあれば、営業担当と技術担当がペアになって主要顧客を訪問して、購買センター[10]を構成するキー・パーソンを把握したうえで、その担当者の満たされないニーズを直接吸い上げるようなフィールド調査を実践しているような会社もあります。

顧客・市場分析の３つのステップを整理すると以下のようなイメージになります。

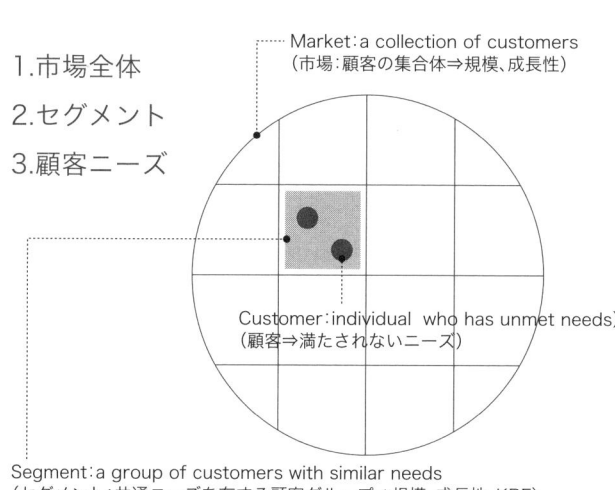

図24：顧客・市場分析（Customers）

■ 競合・業界分析（competitors）

競合分析についても、まず①売り手の集合体としての業界（英語ではこれをindustryといいます）の構造分析から入ることをお勧めします。その次に、②業界の中でどのような戦略グループが形成されてい

10　購買センター：
法人顧客の場合、購入に際して購買担当、技術担当等の複数のスタッフが関与することが一般的。間接的、直接的に意思決定に影響を及ぼす人々の集合体を購買センターと呼ぶ。英語ではBuying CenterもしくはDMU=Decision Making Unitと表現される。

るかを明らかにし、最終的には、③戦略グループを同じくする競合他社、もしくは、注意を払っておくべき個別のライバル会社の将来動向を推測するという順番です。

まず、**業界構造については、買い手の交渉力、売り手の交渉力、新規参入の脅威、代替品の脅威、そして既存業者間の敵対関係という5つの要素で整理します。**

買い手としては法人、機関、個人、家庭等が考えられますが、買い手の交渉力は、買い手に選択肢が多いか、売り手を替えることのスイッチング・コストが高いかどうかで決まります。同じような製品・サービスを提供している売り手が多いと当然買い手の交渉力は強くなります。その極端なケースが、価格しか差別化ができなくなってしまったコモディティ製品を提供している場合です。

売り手とは、自社の製品やサービスを完成させるために必要な部品や原材料を提供してくれているサプライヤーを意味します。サプライヤーの数がもともと少ない場合、あるいはサプライヤーの業界が寡占化を進めているような場合は、サプライヤーである売り手の交渉力は強くなります。また、買い手側にとって、サプライヤーを替えるコスト、いわゆるスイッチング・コストが高いとサプライヤーである売り手の交渉力は強くなります。以前、監査業界のコンサルティングを実施した際、顧客満足度がかなり低いにもかかわらず、ほぼ100％リピート受注になることに驚きましたが、これなども、顧客にとって監査法人をスィッチするコストが高いケースといえましょう。変えることによっていちいち会社のトップ・シークレットを話さなくてはならないので。

新規参入の脅威とは、参入障壁がどの程度高いかということの裏返しです。許認可制度で守られている業界や参入のための初期投資が高い業界の場合は、新規参入の脅威は低いと考えられます。一方、規制緩和は、直接参入障壁を低くするため、今までの高い利益率が急激に

低下することにもなりかねません。

　代替品が多ければ多いほど、業界の収益性は低下します。代替品とは、競合する製品そのものではないのですが、現在提供している製品そのものの存在意義をなくしてしまうような製品です。たとえば、フィットネス・ジムのサービスに対する Wii Fit や、自動車のワイヤー・ハーネスに対する無線などです。

　最後に、**直接競合関係にある既存業者間の関係**を整理します。PLC[11]上の成長期においては、競合が参入してきても、市場自体が拡大していますので、それほど業界の収益性には影響がないと考えられます。成熟期になり、しかも下位の企業がシェアを奪取する意図を持ち、差別化でチャレンジしてくる場合は、リーダーもそれに対して差別化で

図25：業界構造を捉える

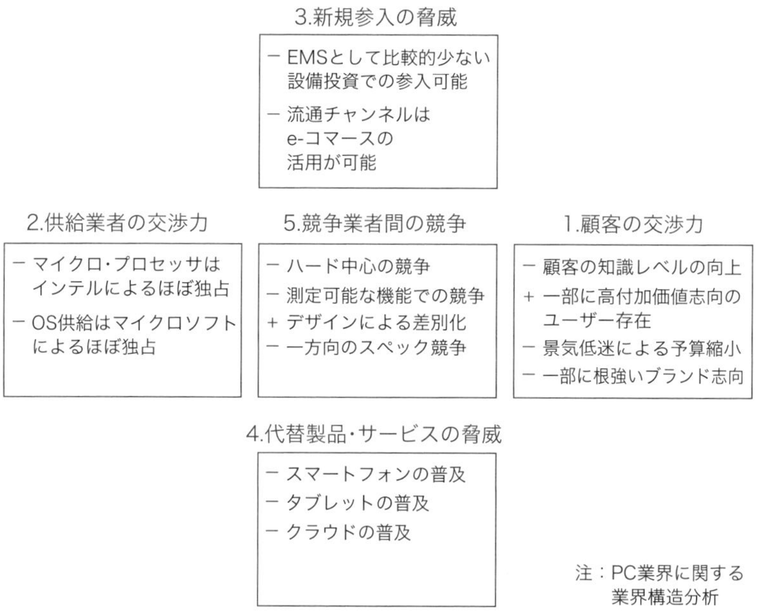

3.新規参入の脅威
- EMSとして比較的少ない設備投資での参入可能
- 流通チャンネルはe-コマースの活用が可能

2.供給業者の交渉力
- マイクロ・プロセッサはインテルによるほぼ独占
- OS供給はマイクロソフトによるほぼ独占

5.競争業者間の競争
- ハード中心の競争
- 測定可能な機能での競争
+ デザインによる差別化
- 一方向のスペック競争

1.顧客の交渉力
- 顧客の知識レベルの向上
+ 一部に高付加価値志向のユーザー存在
- 景気低迷による予算縮小
- 一部に根強いブランド志向

4.代替製品・サービスの脅威
- スマートフォンの普及
- タブレットの普及
- クラウドの普及

注：PC業界に関する業界構造分析

11　PLC：Product Life Cycle。

対応することを迫られるなど、収益を圧迫する要素が多くなります。

以上が業界構造分析でしたが、この業界構造分析は、英語で5 forces modelといいます。どの程度儲けやすい業界かどうかを判断するにはうってつけの分析といえます。

次の**業界・競合分析**に移りましょう。業界内の競合他社の中でどこまでが本当に直接競争関係になるのかを、境界線を引いて分類します。これが戦略グループ分析です。

競合他社を分類する際に用いられる境界線の例が、利益率とシェアです。シェアが高いということは、売上高が大きく、規模の経済で競争している企業ですし、利益率が高いということは何らかの差別化戦

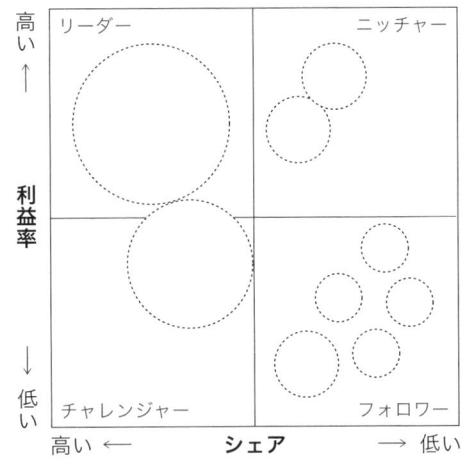

図26：戦略グループ

・Y軸、X軸の戦略次元の要素を決定(例：利益率、シェアなど)
・Y軸、X軸のスケール決定(中心の決定)
・各社のデータ抽出とプロット
・売上を円の大きさで表示
・自社と他社のポジショニングを検討

略を展開している企業と想定されます。自社がどちらのタイプかで、競合として意識すべき企業が明確になります。

　最後は、自社と同じ戦略グループに入っている企業はもちろんのこと、将来的に競合しそうな他社に関する将来動向を推測します。

　競合分析に関しては、現在のポジショニングを把握すると同時に、既存および潜在的な競合の戦略的意図に注意を払いながら将来の行動を予測することが欠かせません。

　具体的には、競合他社の事業ビジョンや目標と現在の業績を比較し、事業として満足できる水準か、仮に水準以下であれば、それが現在の戦略の延長線上で達成できるのか、そうでないとしたら、新たな戦略を現在の経営資源・能力で打ち出し実施していくことが可能かどうか等を検討します。

　今後の戦略としては、ターゲット市場、製品・サービス（product）、価格（price）、販路（place）、販促（promotion）、営業（personal selling）等を検討していただきたいと思います。『四季報』からデータを引用してきただけで、競合分析は一丁上がりなどと考えていたら、大きなリスクを背負い込むことになりかねません。

　なお、競合分析については、顧客、供給業者、調査会社等のありとあらゆるデータソースを活用することです。競合他社のウエブサイト、IR資料、学会発表資料、有価証券報告書等のさまざまなデータを統合したうえで業界のプロとしてのセンスでライバル企業の戦略方向を感じとってください。

　業界・競合分析のイメージを示しておきます。

図27-1：競合他社の現状

項　目＼競争業者			
経営理念・使命			
目的・目標			
経営資源 （定性評価）			
企画・開発力			
技術力			
生産力			
販売力			
信頼性・ブランド等			
現在の業績			

図27-2：競合他社戦略予測

項　目＼競争業者			
今後の戦略（想定）			
ターゲット			
製品戦略			
価格戦略			
チャネル戦略			
プロモーション戦略			
営業活動			
その他 （営業スタイル、開発、 アフターサービス、 特許など）			

競合・業界分析の全体イメージは次のとおりです。

図28：競合・業界分析

1.業界構造　2.戦略グループ　3.競合他社

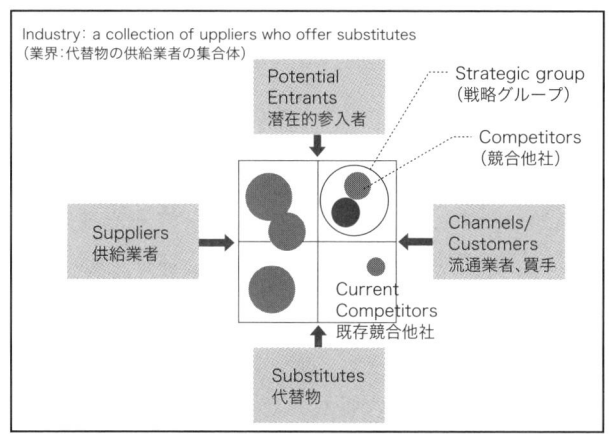

■ 自社資源分析（company）

自社資源分析に関しては、まず業績のレビューから始めることで問題点の明確化やその改善のための仮説が立てやすくなります。

ラフな仮説を立てたうえで、バリュー・チェーンやコア・コンピタンス分析などによって仮説をさらに精緻化し、可能な範囲で仮説を検証していきます。

業績のレビューとしては、売上高（製品力）、粗利益（付加価値力）、営業利益（営業力）、営業キャッシュフロー、原価率、粗利益率、営業利益率、売上高／人、粗利益／人、営業利益／人、顧客集中度、売上高／顧客、品質レベル、新製品物開発比率（新製品売上／全製品売上）、CS（顧客満足）などの指標を、少なくとも3カ年（理想的には5年）程度さかのぼって時系列で折れ線グラフを使って分析することをお勧

めします。特に折れ線グラフが従来と異なる動きをしているところが要チェックです。

　さらに**理想的には前述の指標を事業全体で見るだけではなく、顧客セグメント別、製品別、地域別、チャネル別、プロセス別などのいくつかのユニットで集計して、同じように時系列で比較していただくと、どのあたりに真の問題点があるのかがかなり絞り込める**と思います。

　自社分析とは、言うまでもなく自社の強み・弱みを明らかにすることですが、自社だけのデータでは相対的な比較ができませんので、可能な限り競合関係にある他社のデータも収集し、自社のデータとパラレルで比較できるように加工しておきます。まとめますと、業績は自社ユニット間比較、時系列比較、競合他社比較の3つの視点で行います。多面的に捉えることで実態が明確になり、問題を見つけやすくなります。

　業績を多面的に捉えることができたら、次のステップに進みます。**自社の強みと弱みが、どのような原因で生じているかということをバリュー・チェーン分析と関連づけて明らかにしていきます。**バリュー・チェーンとは、インプットからアウトプットまでの変換プロセスを時系列的に整理したものですが、研究開発、マーケティング、製造・エンジニアリング、販売等の主活動を把握したうえで、その主活動の業績の向上を促進させる要因を列挙します。

　この要因がパフォーマンス・ドライバーなのですが、これらを自社のみならず、競合他社に関してもある程度評価できるだけの材料を集めてみてください。自社と他社のバリュー・チェーンに関する強み・弱みを説明変数（独立変数）的に捉えて、業績の善し悪しを目的変数（従属変数）的に捉えて、両者間の因果関係を意識しながら考察することで、業績低迷の真の理由を把握して、改善していくための仮説を導きやすくなると考えます。

バリュー・チェーンに関しては、パフォーマンス・ドライバーを中心にメリハリを効かせて強み・弱みを判断してください。メリハリを効かせる基となるのが業界における成功の鍵（Key Success Factors）と自社の基本的な方向性です。たとえば自社の理念が、付加価値創造とかイノベーションであればバリュー・チェーンの中でも研究開発にスポットが当てられるべきです。また、コスト・リーダーシップがキーであるならば、購買や製造が注目すべきポイントになります。

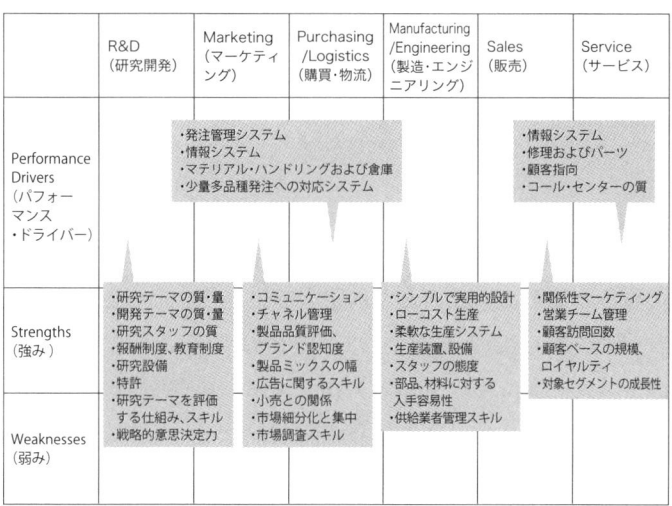

図29：バリュー・チェーン

最後は、コア・コンピタンス[12]を明確にすることで、それによって新しい用途や市場の開発がより適切に行われるようになります。

コア・コンピタンスの3つの要件とは以下のとおりです。

・多様な市場へのアクセスが可能になるもの
・最終製品の効用に重要な貢献をするもの
・模倣可能性が低いもの

---

[12] コア・コンピタンス：
独自のスキルや技術の複合体で、範囲の経済がきくもの。

図30：（例）Canonのコア・コンピタンス

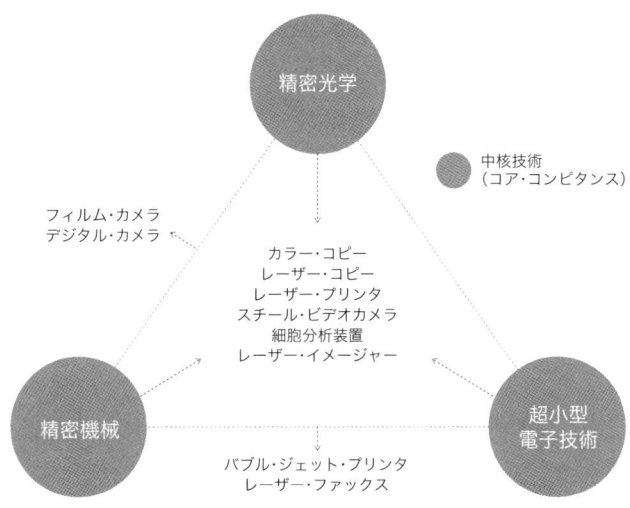

図31：自社分析

1. 業績（実績）
2. バリュー・チェーン
3. コア・コンピタンス

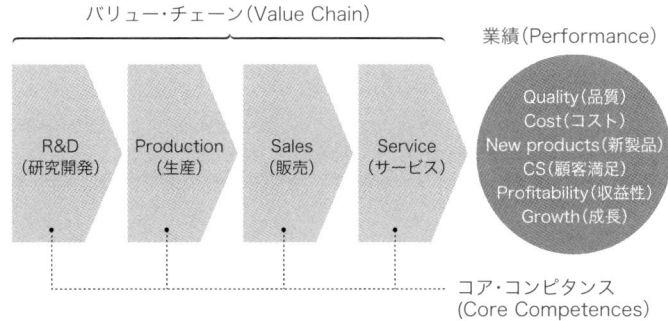

■ マクロ環境分析(context)

　マクロ環境分析には、**政治（politics）、経済（economy）、文化・社会（society/culture）、技術（technology）、環境（environment/ecology）、法律（law/regulations）が含まれます**が、これを一般的には英語の頭文字をとって、略して PESTEL、社会の根底に流れる大事な要素として、context（文脈）と呼ばれているということは PART1 で解説させていただきました。

図32：マクロ環境要素に関するチェックリスト(例)

評価の側面	評価要素
政治	政府システム：民主的、権威主義的、独裁制、政府交代の頻度、暴動、反乱、ストライキの頻度、軍部の出動と影響力、外国企業への態度、専門家による政治的安定性に関する評価
金融	インフレーション、為替変動、資金フローに対する制限、為替統制、為替安定性、対外債務
経済	一人当たりGDP、所得分布（上位20％世帯のGDP比率）、GDPの年間成長率、農業人口成長率、製造業人口の成長率、サービス業人口の成長率、エネルギー消費量、鉄鋼消費量
法律	輸出入規制（関税、割当、所有の制限、製品に関する基準、規則、競争や独占に関する規制、価格統制、環境基準、特許や商標に関する法規
人口統計	人口、年間平均人口増加率、都市化（都市人口比率）、人口比率（0～14歳）、人口密度、人口年齢構成、平均寿命、幼児死亡率
地理	国土の広さ、地形上の特徴、気候条件（平均気温）、年間降水量、年間降雪量
技術	技術力、科学レベル、生産技術、成人識字率、一人当たりＰＣ所有率、博士号取得者数（社会科学、自然科学）、高等教育終了者の年齢別比率、中等教育終了者の年齢別比率
文化・社会	支配的価値観、ライフスタイル、人種のバラエティ、言語の数、医師一人当たりの人口、主たる宗教
ネットワーク	コミュニケーション・ネットワークの利用可能性、鉄道ネットワーク（キロ数）、道路ネットワーク（キロ数）、航空貨物輸送（容量）、一人当たり小売店舗数、小売集中度、ＴＶ所有率、ＰＣ所有率、雑誌・新聞の発行部数、一人当たりの携帯電話・スマートフォン台数、一人当たりの自動車保有台数
基本的資源・エネルギー	ガス消費量、電力消費量、キロワット時(kwh)電力コスト、エネルギー消費量、月額賃金コスト、労働者の技術水準、資金の入手可能性、金利、賃借料
製品の販売と使用	製品販売量、製品保有率（世帯向け事業の比率）、販売量の増減傾向、製品の販売数、購買頻度、平均購買規模
補完製品、代替製品の使用	補完製品の販売量と成長率、ユーザー産業の存在と規模、代替製品の販売量と成長率、補完製品の所有状況、中古市場の規模
競争状況	企業数、主要競合他社の存在、競合他社の成長率、市場占有率、上位3社企業の市場占有率

前ページに、詳細なチェック・リストを紹介しました。

マクロ環境分析の構成要素の相互関係ですが、開発された技術をうまく産業レベルで活用することにより、顧客市場に新たな価値創造がもたらされます。時として、副作用的なマイナス面が出てしまう場合がありますが、その際は、政治、法律で制御、調整を加えます。最後は技術がライフスタイルとして、社会や文化として定着していくというイメージです。

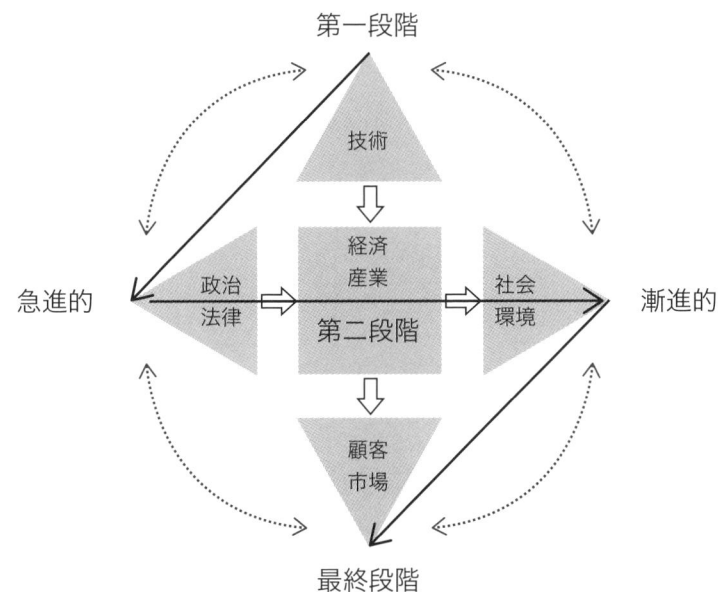

図33：Context（PESTEL）

資料：P.コトラーを基に修正

現状分析の最後にマクロ環境分析に関するチェック・リストを紹介します。

こうした4Cを分析をSWOTにしたうえで、S×O、W×O、S×T、W

図34：現状分析（SWOTクロス）

	Strengths（強み）① ② ③	Weaknesses（弱み）1. 2. 3.
Opportunities（機会）a. b. c.	①、②×a.b.c.〇〇〇③×c〇〇〇**Cell 1** 好都合な組み合わせをとことん活用する成長指向の戦略を示唆	1.×b.〇〇〇2.×c.〇〇〇3.×a.〇〇〇**Cell 3** より有効に市場機会を追求できるように内的な弱みを改善することが戦略の焦点
Threats（脅威）A) B) C)	①×A)、B)〇〇〇①×B)〇〇〇②×C)〇〇〇**Cell 2** 現在の強みを活かして、中期的な機会を開発していく戦略を示唆	1.×A)、B)〇〇〇**Cell 4** この製品市場領域における関与を減らすか、異なる方向に向ける戦略

×Tで整理して、戦略オプションを抽出していくSWOTクロス分析などもプロジェクトの現場でよく用いられます。

　現状分析のまとめとして2点、留意点としてコメントさせていただきます。

　まずは、**現状分析と情報収集とは異なる**ということです。何でもかんでも情報を集めればよいというものではなく、仮説を持った上で、情報を収集していただきたいと思います。戦略仮説をもって、その正当性を検証するためには、この情報が必要というアプローチです。仮説をベースに事業戦略を立案するという点については98ページのコラムをご参照ください。

　もう1つが、アンゾフという経営学者のコメントにもありますが、**経営とは部分的に無知の状態における意思決定である**ということです。限られた情報の中で意思決定する勇気を持っていただきたいと思います。

　最近とみに日本企業の意思決定が遅くなっているといわれています。機会の窓は永遠にあいていることはありません。タイミングが大切です。どうしても詰められないところがあるはずです。そのような時は、とりあえず、Start small（小さく始める）、でもThink big（大きなビジョンで）です。あとは、可能性が見えてきたら、Scale up fast（垂直立ち上げ）で、必要に応じて柔軟に修正していくというスタンスです。

13 ステップ⑧ 事業目標
その事業で、計画期間内に何を達成するのか

■ 5つのポイントを押さえる

事業戦略の場合も、目標の設定については企業戦略と同じ考えです。SWOT分析により、市場の規模と成長性、競合他社に対する自社の相対的優位性がある程度明確になっているわけで、以下の算式で自社の売上げポテンシャルが推定できるはずです。

市場規模×成長率×シェア

売上ポテンシャルを押さえたうえで、計画期間内において、現実的に達成可能で、かつ、具体的なレベルでの売上目標を設定します。目標設定は SMART に！とよく言われますが、その意味を確認しておきましょう。

・Specific（明確に）
・Measurable（数字で）
・Achievable（達成可能な範囲で）
・Result-oriented（結果指標で）
・Time-bound（時間を切って）

要は日本語的に表現すると、目標は、明確に数字を用いて達成可能な範囲で、かつ結果指標で時間を限定して設定しましょうという意味です。
　目標設定に関しては、もう1つあります。これは、アメリカのシリコンバレーでよく耳にするフレーズですが、**BHAGs (big, hairy, audacious goals)** というものです。これも、直訳すると以下のようになります。

　目標は、
・大きく
・険しい
・大胆不敵なレベルで！

　これによって、わくわくするようなチャレンジングな方向に向かうエネルギーが出てくるかもしれないという考えです。考え方は、多少異なりますが、ご参考まで。

■ 「対環境相互作用性」と「環境予測可能性」

　企業戦略に関する目標設定のところでも述べさせていただきましたが、将来を予測することが容易で、対環境相互作用性が高い場合には、目標は、経営を実践していくためのガイドラインであり、守るべきものであり、統制のベースになるものとしての役割が期待されます。その一方で、環境予測可能性が低く、対環境相互作用性も低いような場合は、目標は試行錯誤しながら仮説を検証していくための一つの基準です。つまり、守ることよりも、環境の変化に柔軟に対応することを最優先に考えて、当初のアイデアを修正して、より良い戦略にしていくためのたたき台としての役割が期待されます。各事業がおかれた環境を意識して、事業戦略策定そのものの意味を考えることが大切です。

Introduction
Corporate strategy
Business strategy ■
Functional strategy
Social Bond
Presentation

14　ステップ⑨　事業の範囲

勝負する「土俵」の範囲をどう定めるか

■「製品」と「市場」をどう考えるかが重要

　事業の範囲は、市場（実際の顧客と潜在顧客）、ニーズ、製品、技術、ソリューション等で定義されることが多いのですが、**どのように定義するかということが、事業の成長可能性を大きく左右する**ことになります。

　それだけではなく、**このあとで検討される競争戦略やマーケティング・マネジメントにも大きく影響するという点で、事業範囲の設定は大変重要なテーマ**なのです。事業の範囲が狭すぎれば潜在的なチャンスが制限され、逆に事業の範囲が広すぎればマス・マーケティングで十分ということになり、戦略的思考がほとんど意味のないものに思われてしまいます。

　事業の範囲は、一般的に製品と市場で定義されることが多いのですが、x軸に顧客／市場、y軸に製品／ソリューションで整理します。これを製品・市場マトリックス（英語では、product-market growth matrix といいます）と呼びます。

　製品については、顧客が求める結果をベースに定義すべきという指摘があります。たとえば、車という製品ではなく、パーソナル・モビリティとして、また、パソコンではなく地球規模のネットワーク能力

図35:事業の範囲

		顧客／市場			
		I	II	III	IV
製品／ソリューション	A				
	B				
	C				
	D				

注:事業の範囲は企業戦略で大方定められているが、事業戦略策定に際して、それを確認し、かつより詳細に検討する。

とか、またはガスではなく総合的なエネルギー・ソリューションというような具合に定義すべきという考えです。

　IBMは自社を、「Global solutions for a small planet（スモール・プラネットのためのグローバル・ソリューション）」と定義することによって、提供する製品をICTという技術から、ビジネスや産業上のソリューションに変えてきました。サービスやコンサルティングという品揃えが、同社の高い収益率の源泉になっていると考えられます。

　コピー機を販売する企業にとっても、製品を印刷機とするか、印刷サービスとするのか、ドキュメント・ソリューションとするか、情報ソリューションとするかによって、事業の収益構造が大きく異なってくると考えられます。

また市場の定義についても、一事業部で、大企業、中堅企業、中小企業、零細企業というような不特定多数の顧客の集合体をカバーしているケースもありますし、特に産業財のメーカーに多く見られますが、特定の顧客数社としか取引しないというケースもあります。その場合の市場は個別企業と考えられ、y軸は企業の固有名詞になります。

　また一社のみの取引というケースも少なくありません。そのような場合は、その企業を事業部に分けて、さらにその事業部に製品を提供しているようなサプライヤーも含めて市場と認識して事業機会を探索することも有益と考えます。

　最後に確認のための質問です。事業の範囲は、対象とする市場（markets to be satisfied）とその市場に対して提供する製品（solutions to be offered）の2軸で定義されますが、ここで製品と市場とは実際にどのように考えるべきかという確認です。3択問題です。

製品とは、
①ブツである　②スペックである　③ソリューションである

市場とは、
①製品の販売数である　②対象地域である　③顧客の集合体である

もうおわかりですよね！

PART 2　強い会社は、各事業が「シェア」を順調に広げていく　事業戦略

図36-1：事業の範囲（不特定多数の顧客から構成される場合）

		顧客／市場			
		大手	中小	SOHO	官公庁
製品／ソリューション	ビッグデータソリューション				
	インフラソリューション				
	環境マネジメントシステム				
	スマートホーム				

図36-2：事業の範囲（数社の顧客から構成される場合）

		顧客／市場			
		Apple	Cisco	Motorola	LG
製品／ソリューション	デバイス				
	モジュール				
	システム				

図36-3：事業の範囲（一社の顧客から構成される場合）

		顧客／市場							
		住宅部門		四輪部門		船舶部門		航空機部門	
		OEM	Tier1	OEM	Tier1	OEM	Tier1	OEM	Tier1
製品／ソリューション	エンジニアリング								
	コンサルティング								
	メンテナンス								
	オペレーション								

注：OEM＝original equipment manufacturer（本体）、Tier 1（サプライヤー）

15 ステップ⑩　競争戦略

目標を達成するために、どのように戦うか

Introduction
Corporate strategy
Business strategy ■
Functional strategy
Social Bond
Presentation

■ コトラー・モデル、ポーター・モデルの「本当の使い方」

　事業の範囲が明確に定義されたところで、**その自ら定義した領域（製品・市場）の中で、競争を意識した戦略を考えます。**

　事業戦略はシンプルに表現すると、現状分析をして達成可能な事業目標を設定して、その目標を達成していくための手段を考えることであるとなりますが、事業を取り巻く環境は千差万別、目標を達成していくための手段についても、いくつものオプションの組み合わせが考えられます。事業ごとの個別の状況を理解したうえで特殊な解を導き出していく必要があります。

　しかし、すべてのケースにおいて、ゼロ・ベースで戦略オプションを組み立てていくと、莫大な時間とコストがかかります。そこで、基本方向を押さえたうえで、特殊な問題に対してはそれが生じている状況を詳細に検討して、特殊解を導き出していくというアプローチが考えられます。まずは、事業戦略に関する基本的な理論について、それが適用される条件も含めてしっかりと理解しておくことをお勧めします。

　事業戦略における競争戦略の類型としては、ポーター・モデルとコトラー・モデルが挙げられます。マイケル・ポーターのモデルは、競争の手段がコスト（提供するソリューションは同質的）か差別化（提供するソリューションは異質的）か、それとも対象ターゲットが集中

PART 2 強い会社は、各事業が「シェア」を順調に広げていく 事業戦略

図37-1：マイケル・ポーターのモデル
～競争優位性に基づく戦略類型～

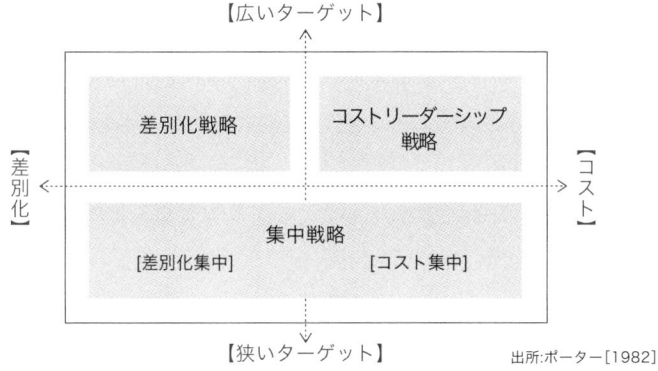

出所:ポーター[1982]

図37-2：ポーター・モデルにおける競争の要素

競争の態度 \ 競争の手段	異質性	同質性
競争受容	差別化	コスト・リーダーシップ
競争回避	差別化集中	コスト集中

資料:ポーター・モデルを基に修正

図37-3：フィリップ・コトラーのモデル
～競争地位に基づく戦略類型～

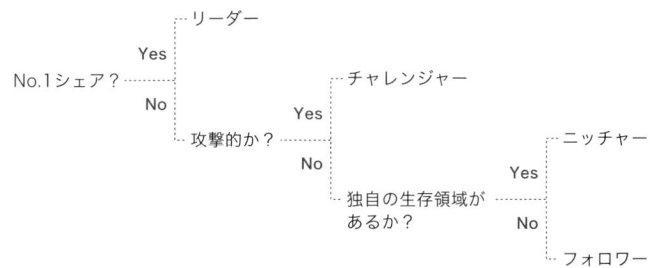

095

（競争に対する態度は競争回避）か広域（競争に対する態度は競争受容）かという2つの要素で整理されています。

コトラー・モデルでは、リーダー企業、チャレンジャー企業、ニッチャー企業、フォロワー企業の4つの類型が示されています。それぞれ4つのタイプが示されており、基本的な方向性が述べられています。

具体的にどのような状態であればどのような戦略を展開すべきなのでしょうか。

まず、マイケル・ポーターの**コスト・リーダーシップ**についてですが、業界トップでシェアNo.1の企業に採用される可能性が高い戦略です。規模の経済によって一ユニット当たりの固定費が下がると同時に、累積生産量が多くなるほど経験曲線効果によって変動費も下がります。トップ・シェアを確保している企業だからこそ、コストを低くすることが可能になるわけです。トップ企業の基本路線は、低コストをベースとしながらも、価格は極端に下げることはせず、一定のマージンを確保しながらシェアの最大化を図るというものです。

次に業界の2位以下の企業がとりうる競争戦略について考えましょう。基本的には上記のコスト・リーダーシップは採用しにくいため、それ以外の戦略になります。**差別化戦略**か**集中戦略**かということですが、差別化戦略とは、基本的には広い市場をターゲットにしながら、リーダーに対して製品・サービスで差別化すると考えられます。つまり、リーダー企業と同じ広い市場を選びながらもリーダーとは異なる効用を提供することによって顧客をひきつけて優位に立とうとする考え方です。

それに対して、集中戦略とは、リーダーと正面から戦うということではなくて、リーダーとは異なる特殊な顧客市場に経営資源を集中する戦略です。市場全体をターゲットにする戦略では、ターゲット市場全体に同じように対応するため、充足されないニーズを持つニッチ市

場が生じる可能性があります。その隙間を狙ったターゲティングによって、価値を生み出す戦略が集中戦略です。

集中戦略はさらに、コスト・パフォーマンスで勝負をするコスト集中と差別化を追求する差別化集中の2つに分かれます。 独自のコア・コンピタンスを活用して、大手が参入することができないような独自の領域を構築することが可能であるならば、絞り込んだ市場で差別化を徹底することにより、より高いレベルでニーズに応える差別化集中戦略を推進します。そのような領域がない場合は、コストに反応する特定市場にフォーカスをして廉価版を提供する、いわゆるコスト集中戦略を検討することになります。

図38：競争戦略類型（ポーターとコトラーの対応関係）

コトラー （競争地位）	リーダー	チャレンジャー	ニッチャー	フォロワー
ポーター （基本方向）	コスト・リーダーシップ	差別化	差別化集中	コスト集中
基本戦略	市場拡大と全方位展開で同質化	セミ・フルカバレッジで差別化推進	狭いセグメントにトータル・ソリューション	コストに反応する特定市場に廉価版

資料：ポーター・モデル、コトラーモデルを基に修正

Column 3

問題解決のための
ロジカルシンキング

　PART2では事業戦略について述べてきましたが、事業を単位とする現状分析（4C分析）を始める前に是非とも実施しておいていただきたい作業のひとつが、仮説の設定です。事業の目標が未達に終わった原因探索と、その中で最も大きな影響力のある要因を戦略課題として設定して、これを解決するための手段を検討するプロセスです。これは、課題解決のための仮説を発見する作業です。

　具体的なステップは以下のとおりです。

1. 問題点を設定する
2. 問題点の原因を探索する
3. 問題点に対する真の原因を究明する
4. 問題点に対する原因を戦略課題に変換する
5. 戦略課題に対する手段を検討する
6. 手段の中で効果の大きいものを選択する

　こうした仮説の設定プロセスで大切なことは、まず、市場や顧客を自分自身の目で確かめるということだと思います。販売の現場に出向く、店頭でお客様の声を聞く、さらに製品が実際に設置されている現場に行って、お客様がどのように使いこなしているのか、何に困っているのか、場合によってはメンテナンス担当の話も聞くということもしていただきたいと思います。

PART 2　強い会社は、各事業が「シェア」を順調に広げていく　事業戦略

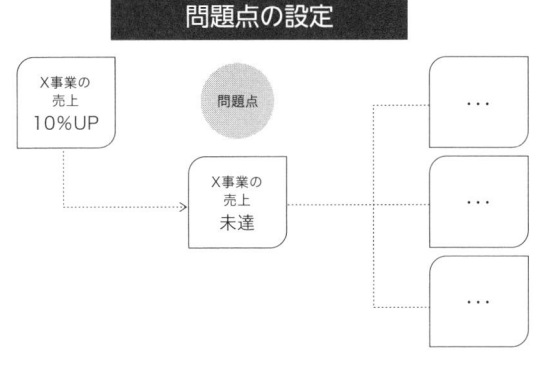

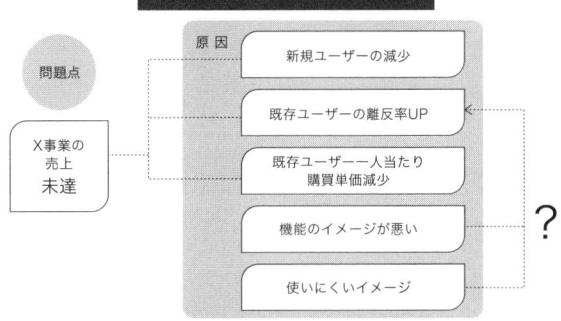

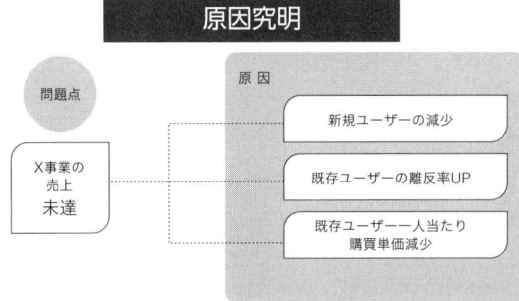

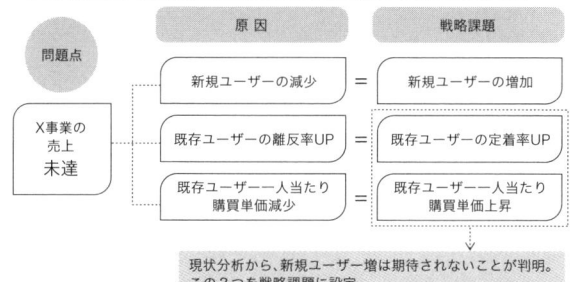

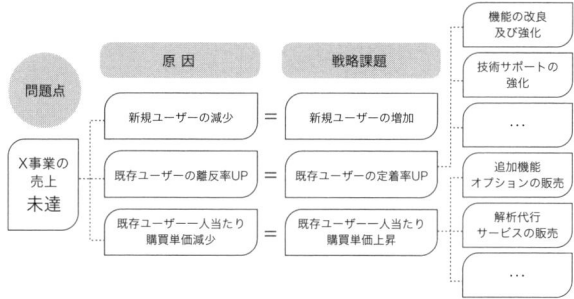

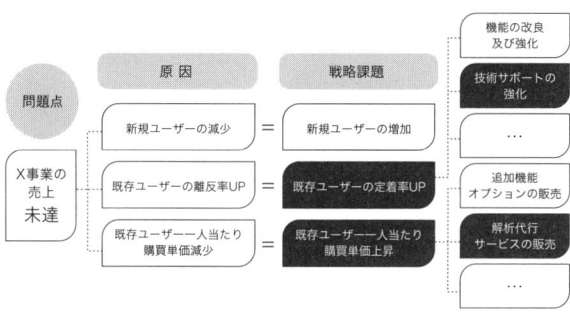

PART 3

強い会社は、
戦略を確実に「具現化」させる

機能戦略

Introduction
Corporate strategy
Business strategy
Functional strategy
Social Bond
Presentation

16 戦略を動かすための「機能戦略」

Introduction
Corporate strategy
Business strategy
Functional strategy ■
Social Bond
Presentation

■ 機能戦略には3つのステップがある

　PART2では、事業の範囲の設定とそこにおける競合他社に対する競争戦略について整理しました。
　本章では、事業戦略を具現化するための施策について述べます。まず、特定事業における対象顧客に対して提供する価値の開発やその提供方法をテーマとするマーケティングを中心に解説します。
　次にマーケティングが研究・開発、生産・製造、営業・販売、物流・ロジスティックという諸機能（バリュー・チェーン）とどのように関係しているかを踏まえて、最後に、各種戦略を支えるインフラストラクチャーとしての組織・制度に関してポイントを述べます。

　第3章の構成です。

ステップ⑪：マーケティング戦略を立案する
ステップ⑫：バリュー・チェーンとマーケティングを同期化させる
ステップ⑬：組織・制度を整備する

PART 3 　強い会社は、戦略を確実に「具現化」させる　機能戦略

図39：機能戦略の策定フロー

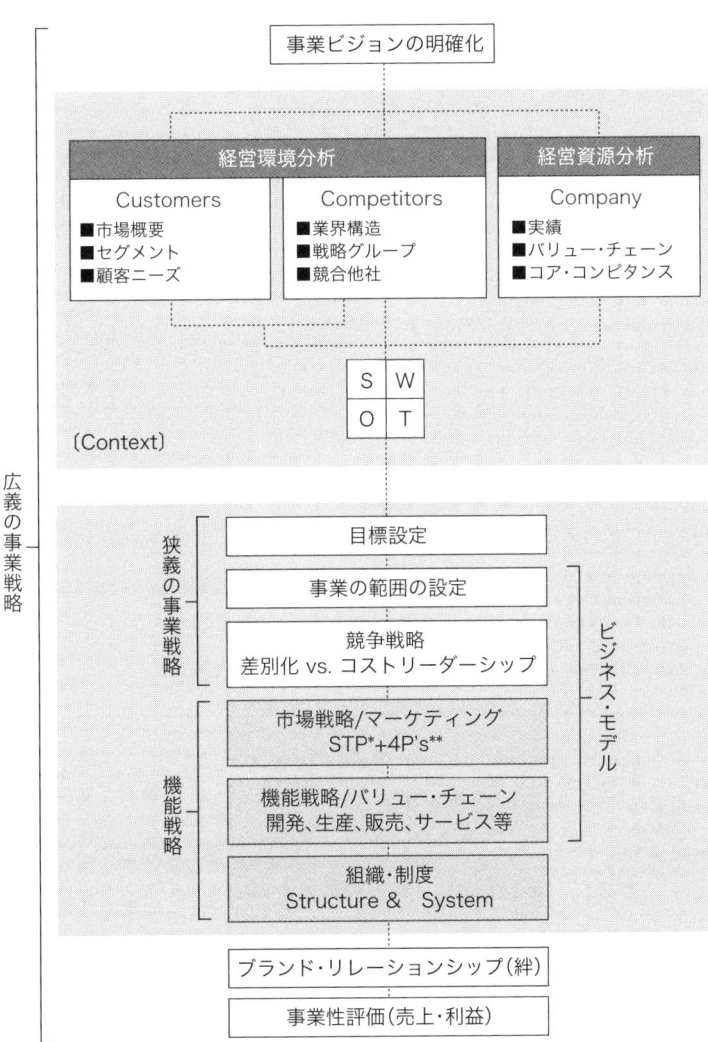

＊STP：Segmentation, Targeting, Positioning（市場と効用の選択）
＊＊Product, Price, Place, Promotion
　　STP+4Pは市場戦略で、標的市場に対する問題解決を提供するプロセスである。

Note: The above chart was reprinted form the book written by Eric Eiichi Kasahara, President of Asia Pacific Research Institute of Marketing　http://www.aprim.jp

introduction
Corporate strategy
Business strategy
Functional strategy ■
Social Bond
Presentation

17 ステップ⑪ マーケティング戦略
顧客のニーズをどう満たすのか

■ マーケティングは「顧客への価値を創造するプロセス」

R.J. Dolan(1997)は、マーケティングについて次のようにコメントしています。

> Marketing is the process via which a firm creates value for its chosen customers. Value is created by meeting customer needs.
>
> マーケティングとは、選んだ顧客に対して、価値を創造するプロセスであり、価値は顧客のニーズを充足させることによって創造される。

マーケティング戦略とは、上記のプロセスを通して、価値を創造するためのプランと考えられます。

本書では、マーケティング戦略を、**「顧客の満たされないニーズを見つけ、定義し、それに対してユニークなソリューションを提供することにより顧客価値を創造する一連の施策」**と定義させていただきます。

マーケティング戦略策定に関して、総論、各論、応用に分けてコメントいたします。

■ マーケティング戦略の総論

マーケティング戦略を策定するプロセスは、2つに分解することが

できます。

　ひとつは、市場を同質のグループに細分化し（セグメンテーション）、その中で積極的に働きかけるターゲット顧客を選定すると同時にその顧客の仮説的ニーズを定義し（ターゲティング）、提供するソリューションとしての効用を顧客の心の中で位置づける（ポジショニング）活動です。
これにより、どのような市場のどのようなニーズにどのような効用を提供するかという基本コンセプトを明確にすることができます。

　もうひとつは、上記のコンセプトを実現するための活動です。具体的には、ソリューションを具体化すべく、製品・サービス（product）を開発・設計し、価格（price）を設定し、販路/流通（place）を設計・管理し、販売促進（promotion）を検討するという一連の活動です。

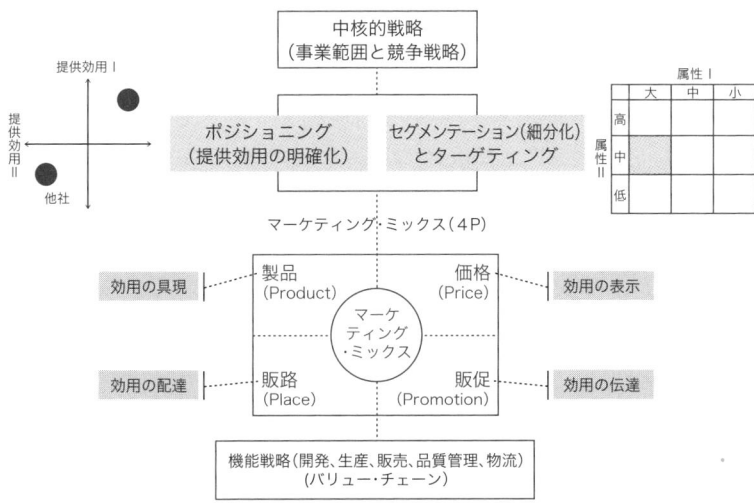

図40：マーケティング戦略
ポジショニングとターゲティングの融合

資料：笠原(2004)「成功した企業家が毎日考えること」(中経出版)を基に修正

この4つのPの要素から構成されるマーケティング・ミックスを構築するためのプロセスは、**「効用を形成し（製品・サービス）、表示し（価格）、伝達しながら（販売促進）、実現する（販路）過程」**と考えることができます。

　4Psとはシンプルに表現すると、ポジショニングで定めた効用を実現するためのプロセスです。

　実は事業戦略を策定する際に、現状分析で、Customers（顧客・市場）、Company（自社資源）、Competitors（競合・業界）、Context（マクロ環境）が検討されており、すでに以下のことが、ある程度、仮説レベルで明確になっています。

Customers（顧客・市場）：
　どのような顧客の、どのようなニーズを充足するのか？
Company（自社資源）：
　このニーズを充足させる際の、自社ならではの能力とは？
Competitors（競合・業界）：
　このニーズを充足させる際に競合と認識される企業は？
Context（マクロ環境）：
　このニーズを充足させる際のマクロ環境上の促進・制約要因は？

　マーケティング戦略を立案する際も、この分析結果を活用しない手はありません。繰り返しになりますが、マーケティングをプロセスで表現するとSTP＋4Psになります。

　まず、市場全体を同じような選好を示すグループに分け（＝segmentation）、その中で積極的に働きかけるターゲット顧客を選定すると同時にその顧客のニーズを定義します（＝targeting）。その際は、セグメントごとの市場としての魅力度（セグメント規模やセグメ

ント成長性）と自社の適合度（セグメントごとの購買決定要因と自社の製品・サービスとの適合度やセグメント別自社シェア）の2つの基準で判断します。

最後に、当該標的市場において提供する効用の理想的なポジショニングを明確にし（positioning）、それを具体化したマーケティング・ミックス（4Ps）を構築していきます。

図41：ターゲティングの際の評価

ターゲティングのポイント

セグメンテーション
↓
ターゲティング

	セグメントⅠ	セグメントⅡ	セグメントⅢ	セグメントⅣ
成長性	●	●	△	×
規模	●	△	●	△
シェア	●	△	△	△
KBF適合度	●	×	×	●
その他	●	×	△	●

↓　　↓　　↓　　↓

| セグメントの第一候補 | ターゲット・セグメントとしての第一候補からはずれる |

↓

ターゲット・セグメント

上記のSTP＋4Psを展開する際には、すでに行った現状分析に加え、必要に応じてさらに新たな調査や分析を加えながら実施することをお勧めいたします。

標的市場として選定した顧客市場のニーズは本当に存在するのか？　そのニーズはどの程度強いのか？　購買決定要因の順位は？　顧客市場の規模はどの程度か？　こうした疑問に答えられるように、何らかの手段を講じておくことをお勧めします。

フォーカス・グループ・インタビュー[13]、調査票を用いるサーベイ[14]などの調査によって、戦略仮説を検証しておくこと、**少なくともターゲットとして設定したお客様の生の声を聞いて、仮説がある程度正しいということを確認しておくことが必要不可欠です。**

ここでは、ターゲット・セグメントに対するニーズ仮説を検証するための顧客満足度調査を簡単にご紹介します。

プロセスは以下のとおりです。

---

1. 調査概要の決定：
調査目的、対象、標本サイズ、調査方法等の明確化
↓
2. 仮説の設定：
プレリサーチの実施と調査仮説の設定
↓
3. 調査票の設計：
質問項目の質問文への落とし込みおよび評価尺度の決定（5段階、7段階等）
↓
4. 標本抽出：
調査の対象となるセグメントの決定と標本抽出[15]
↓
5. 調査の実施：
トライアルにより、問題のないことを確認したうえで実査
↓
6. 調査票の集計・解析：
結果をエクセルにダウンロードしたうえで、データを調整し、解析

調査票を設計する際には、必ず総合満足度、再購買意図、推奨意図のような目的変数的要素を入れておくことがポイントです。

---

13 フォーカス・グループ・インタビュー：
小規模のフォーカス・グループで仮説の探索や検証を行うリサーチ手法。リサーチの目的を設定したうえで、探索・検証したい仮説を設定し、5名から10名程度で構成されるグループで、参加者同士の意見交換などの相乗効果により効果を出す。

14 サーベイ：
質問票（いわゆるアンケート）を用いて調査結果をパーセンテージや平均などで数値化する調査手法。主として仮説を検証する際に用いられる。結論が大小で判断でき、統計的な分析ができる。対象者をグループに分け、グループ間の差異の把握が可能になる。

これに対する説明変数的な要素を、品質（quality）、コスト（cost）、納期（delivery）、開発（development）、サービス（service）とか、あるいは4P（製品、価格、販路、販促）などの要素に、分解して**"漏れなくダブりなく"**展開します。

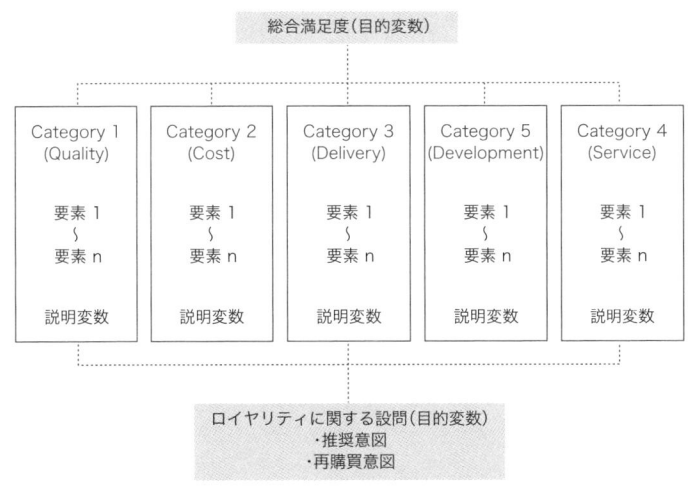

図42：調査票の構造イメージ

顧客満足度調査の分析イメージです。フレームワークで大分類した項目を細かくして質問項目を設定します。

各項目に関する重要度と満足度を基に、基本的なスタンスを決めるわけですが、**重要度が高く、かつ満足度の低いところを重点的に改善しないといけません。**

その一方で重要度が低く、満足度が高いところはオーバースペックなので余分なところを削り、重要度が高く満足度も高いところは維持しつつ、重要度が低く満足度も低いところは無視していくというスタンスです。

15　標本抽出：
最近は従来主流であった郵送法などよりも、調査会社を通して登録している集団の中から属性でスクリーニング（絞り込み）して、回答してもらうようなウェップ調査が一般的になっている。

図43：顧客満足度調査のイメージ

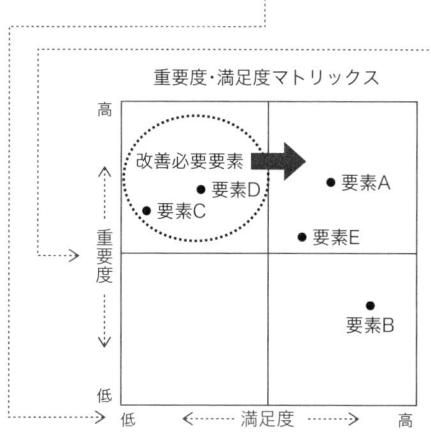

(1) 重要度：5段階評価
　5: 極めて重要である　4: 重要である　3: どちらともいえない　2: 重要でない　1: まったく重要でない

(2) 満足度：5段階評価
　5: 大変満足している　4: 満足している　3: どちらともいえない　2: 不満である　1: 大変不満である

それでは、最近日本でも大きなトレンドになってきているLCC（low cost carrier）の先駆的存在、サウスウエスト航空を例にしてSTP＋4Psを簡単に整理してみましょう。

図44-1：セグメンテーション〜市場の細分化〜

目的／頻度	ビジネス	観光
低		
中		
高	✓ 疲れを癒したい ✓ 快適に移動したい ✓ 早く目的地に着きたい	

図44-2：ターゲティング 〜標的市場の設定〜

目的／頻度	ビジネス	観光
低		
中		
高	ここを狙う！	

図45-1：ポジショニング　〜提供効用の明確化〜

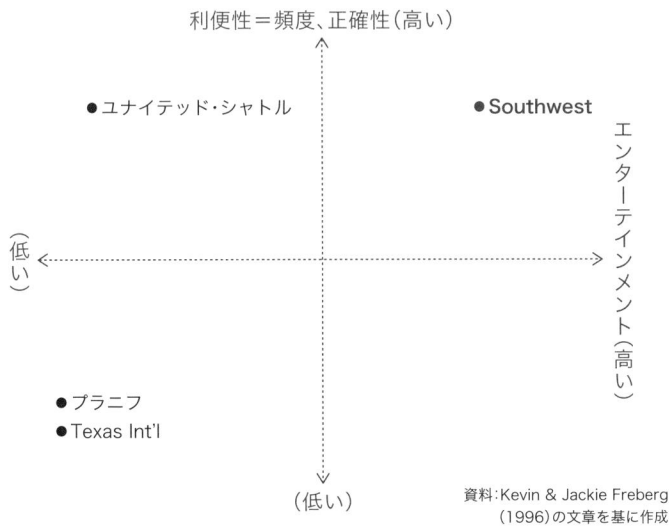

資料：Kevin & Jackie Freberg (1996)の文章を基に作成

図45-2：マーケティング・ミックス

サウスウエスト航空のマーケティング・ミックス

- 低額料金（無条件）
- ポイント・ツゥ・ポイント
- 国内線のみ
- 短距離フライト
- 頻繁、正確
- 15分ターン（離陸準備）
- 乗務員自身も機内清掃
- 機体はボーイング737のみ
- 小規模な飛行場の活用
- E-チケットによる直接予約
- 席指定なし（番号札のみ）
- ラフ・サービス（形式ばらない）
- 食事なし、サービスは有料で
- 経営者自ら広告塔に

■ マーケティング戦略の各論

　マーケティング戦略の各論はすでに述べたように4Psの設計です。各要素についてポイントを中心にコメントします。

製品（product）

　製品については、**「顧客が効用を消費できる状態になったもの」**と考えることができます。

　たとえばマイクロソフト社の製品の効用とは何でしょうか。単純に表現すると「各種業務の効率化」となります。これを支えるために実際の製品として「基本OS＋基本アプリケーション」があります。これは一般的にネーキッド・ソリューションと呼ばれています。これが一般的に考えられる物理的な製品ですが、マーケティングでは、これを製品とは呼びません。本当に各種業務を効率化するためには、コスト削減や業務遂行の改善に資するオプションやサービスが必要です。こうしたオプションや企業向けのICTスキルを向上させるための各種サービスも含めて製品と考えます。

　では、今度はスターバックスについて考えてみましょう。

　スターバックスの提供している効用は何でしょうか。ひと言でいうと「サードプレイス（第三の場所）」です。自宅でもオフィスでもなく、安らぎを享受できる第三の場所ということです。

　これを実現するための物理的な製品として、おいしいプレミアムなコーヒー、センスのよい落ち着いた感じの店舗インテリアなどがあります。

　でもこれだけでは、効用である安らぎは完璧なものにはなりません。これに、洗練された選曲のBGMオンエア、イケメン系のバリスタさ

んによるコーヒー手渡し、フレンドリーなコミュニケション、禁煙サービス等が統合されて初めてスターバックスの「サードプレイス」が消費できる状態になるわけです。

　このように効用を実現するために必要不可欠なサービスを含めて製品と考えると、コモディティ化[16]で顧客からコストダウンの要請が厳しい業界でも、何らかの打ち手が見えてくるかもしれません。

　最後に産業財の会社について考えましょう。たとえば、ガス・タービンを製造販売しているような企業の製品とは何でしょうか。

　まず、提供している効用から考えます。

　シンプルに考えると、エネルギーの創出、略して「創エネ」ということでしょうか。エネルギーを地域に提供するためには、ブツとしてのガス・タービンを作るだけでは、不十分です。顧客であるエネルギー会社は、ガス・タービンを購入する前には、技術的な検討を重ね、各種会議を取り仕切り、資金調達に奔走し、社内稟議や審査のための膨大な書作を作成しながらプロジェクトを進めていきます。購入後には、タービンの設置、MRO[17]に関する作業が必要不可欠になります。

　こうした顧客企業内での負荷を軽減する業務を提供できたらどうでしょうか。**マーケティングではこのようなサービスも含めて製品と考えます。**このようなサービスがあって初めてガス・タービンという物理的な製品が「創エネ」という効用を発揮できるわけです。

　繰り返しになりますが、製品とは顧客が「効用を消費できる状態になったもの」なのです。

16　コモディティ化：
競合する製品同士の差別化特性が失われ、価格だけを理由に選択されるようになること。

17　MRO：
maintenance, repair, operation

図46-1：製品＝顧客が効用を消費できる直前の状態

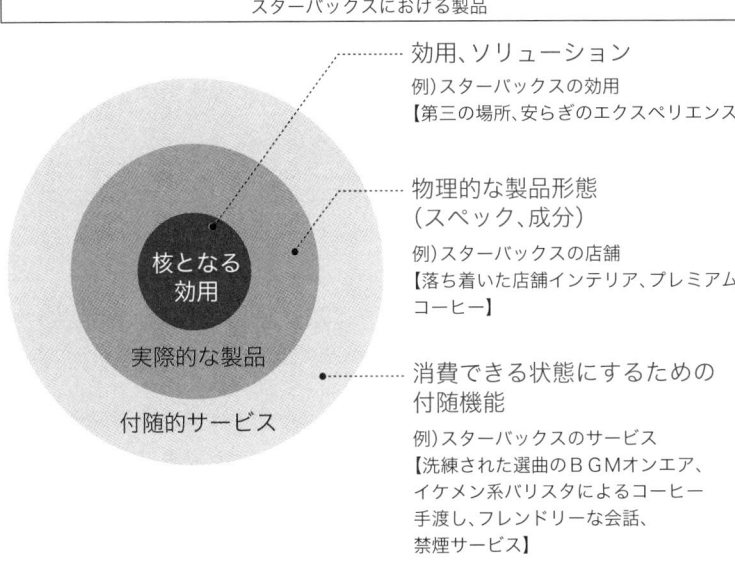

図46-2：製品提供の前後で生まれる付加価値サービス

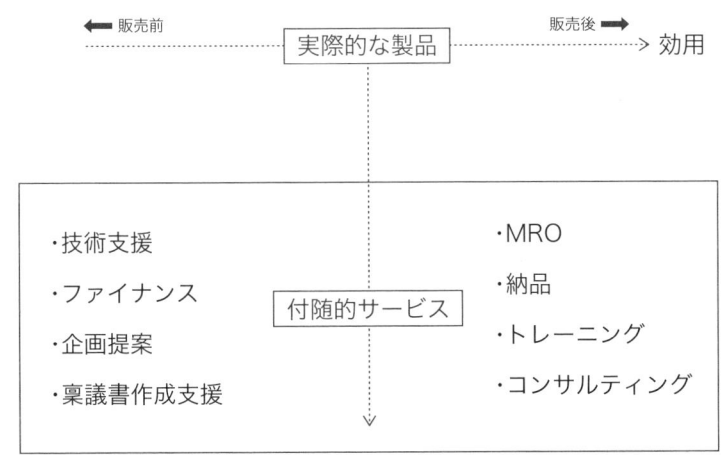

価格（price）

価格設定に際しては、少なくとも顧客価値、自社の原価、競合他社の価格の3つを考慮しなければなりません。

顧客価値とは、そもそも顧客が購買を検討している製品やサービスから、顧客が得られる効用の大きさと、それを得るために顧客が支払わなければならないコストの大きさの比率を意味します。

顧客価値＝効用÷コスト

効用としては、①機能上の効用、操作上の効用、②実用的効用、感情的効用などが含まれます。

またコストとしても、①取得コスト、保有コスト、使用コスト、廃棄コスト、②経済的コスト、時間的コスト、エネルギー・コスト、精神的負荷コストなどが挙げられます。

価格設定に関しては、顧客価値が上限、自社のコストが下限で、あとは、競合の価格帯を参考にしながら総合的に判断していくということが教科書的なコメントです。しかし、競合の価格がかなり低い場合、顧客の知覚する価値が下がってしまう可能性があることに注意する必要があります。その場合は、あくまでも顧客にとっての価値を客観的に証明していく努力を払いつつも、最終的には、顧客の知覚価値のレベル近辺で価格を設定することになります（図45参照）。

また、新製品に関する価格戦略についてですが、上澄み吸収価格（skimming price）戦略と**市場浸透価格**（market penetration price）戦略の2つがあります。

上澄み吸収価格戦略は、高価格を設定し、早い段階で利益を刈り取る戦略ですが、製品の競争力が比較的長く続き、需要曲線が長期にわたり安定的な場合には最適の戦略です。

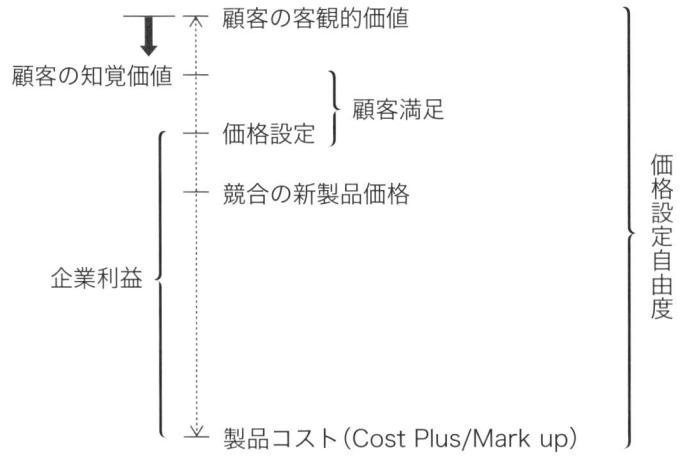

図47：価格設定の視点

　一方、競争の脅威が大きく切迫した状態で、量の拡大に応じて相当にコストが低下する余地があるという条件が揃っているような場合は、低価格を設定し、大きな市場シェアを獲得したあとに規模の経済性や経験曲線効果を利用してコスト競争力での優位性を築き、やがては大きな利益を呼び込むという市場浸透価格戦略が適しています。市場浸透価格戦略の実行可能性は、将来的に市場が大きく成長する可能性が高ければ高いほど高くなると考えられます。

　価格の最後に、**競合他社からの価格値下げの脅威に対する対応方法**について整理しておきます。

　基本はあくまでも、**勝てない競争には参加せず、自分に競争上の強みがある領域のみで戦い、明らかに不利な戦いは避ける**というものです。仮に競合他社の値下げに自社が対抗して価格の引下げを行った場

合、競合他社が価格差を回復させる意欲と体力があるかどうかを考えます。競合他社にそれらがないのであれば価格競争に打って出ましょう。

しかし、さらに競合が反撃してくる可能性が高く、それに対する防衛策のコストが、シェアを失うことによって生じるマイナスよりも高くついてしまうような場合は、要注意です。

他の市場に悪影響が出ないのであれば、競合他社の短期的な価格競争には乗らず、長期的な利益の最大化に目を向けるべきです。

販路/チャネル (place)

マーケティング戦略における販路／チャネルには、2つの重要なテーマがあります。

ひとつはマーケティング目的を実現するための最適な販路／チャネルの設計です。しかし、これは決して簡単ではありません。販路/チャネルの選択肢は無数に存在しますし、ターゲットとするセグメントが多い場合は、複数の販路／チャネルを同時に利用する必要があるからです。また環境が絶えず変化している以上、チャネル構造も定期的な見直しが必要です。

顧客のニーズの変化、e-コマースの急成長など、斬新な販路/チャネル戦略の必要性を示唆する要因は少なくありません。

もうひとつが、目標が実現されるように設計された販路／チャネルを管理しなければならないということです。チャネル活動を効果的に運営するためには、チャネル・パートナーの選定、求めるパフォーマンスの達成に向けた動機付け、メンバー間のコンフリクトの調整、パフォーマンスの評価手法の開発などが必要になります。

まず、販路/チャネルの設計についてのプロセスを紹介します。

> ①対象とする顧客セグメントを選択して定義する
> ↓
> ②対象セグメントごとのチャネルのニーズを把握する
> ↓
> ③現時点でのセグメント顧客に対するニーズ充足能力を評価する
> ↓
> ④競合のチャネル政策に関して調査し、改善の参考にする
> ↓
> ⑤直接販売、間接販売の組み合わせを基にチャネル構造を設計する
> ↓
> ⑥チャネルを評価し、必要に応じてチャネル構造を修正する

販路／チャネルを設計するということは、シンプルに表現すると以下のような構造チャートを作ることを意味します。

　第一に、直接販売にするのか、間接販売にするのか、その組み合わせか、または、e-コマースを加えるのか、第二に、階層をメーカー→卸→小売という3段階にするのか、卸、小売を省略するのか、または、卸を2段階にするのか、最後に、各段階にどのようなタイプの業者を採用するのか、その数はどうするのか等を考えていくわけです。

　チャネル構想を考える際の基本が、リーチ（これは対象となる標的顧客の数および顧客の物理的な分散を意味します）とリッチネス（これは、顧客からのニーズの吸い上げおよび顧客に対する提案内容の両面に求められるコミュニケーションの複雑性）です。リーチが極端に広く、その半面リッチネスがきわめて低い場合は、e-commerceを選択し、リーチが狭く、リッチネスが高い場合は直接販売で、その中間的な条件の場合は、間接販売という選択です。

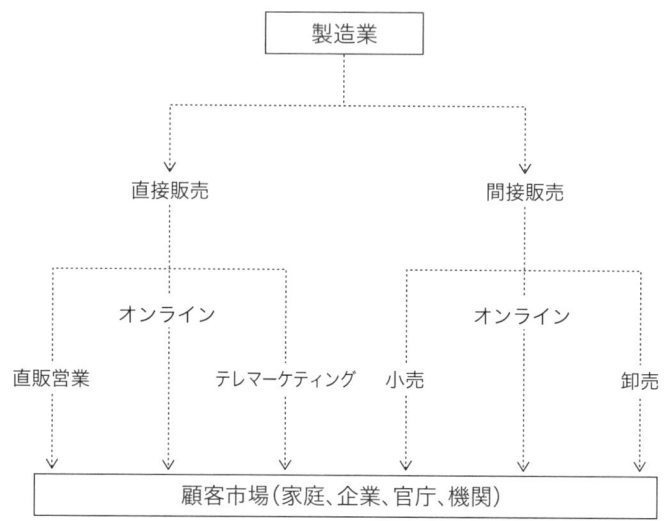

図48：チャネル構造

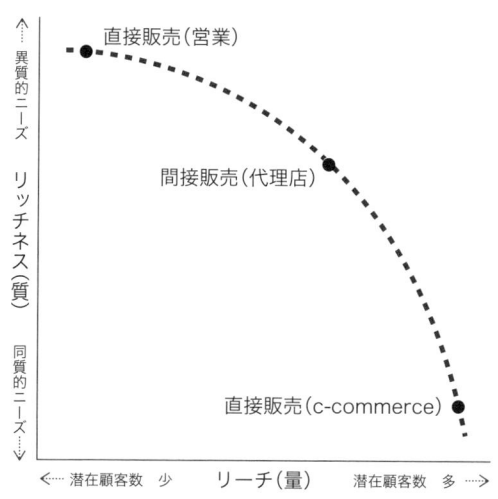

図49：リーチ（量）とリッチネス（質）

最後にチャネルの管理について言及しておきたいと思います。

せっかく戦略的に理想的なチャネル構造ができたとしても、チャネル・メンバーに対する動機づけが行われなければ、販路／チャネルは十分に機能することができません。

チャネル関係は、パートナーシップであるという認識を持つことがポイントであると考えます。製造企業と流通業者はパートナーとして活動するのであり、製造企業が流通業者に専門知識や各種サポートを提供することができれば、それがチャネル全体の有効性を高めることになります。いくつかの実証研究でも、表彰制度、製品研修、目標の共有、建設的なフィードバック、共同作業による年次計画の策定と達成度に関する定期的評価、メンバー間の情報共有を目的としたディーラー会議などが有効な手段として指摘されています。

ディーラー会議に関しても使い方次第では非常に大きな成果につながります。実際私がお付き合いさせていただいている会社のケースですが、チャネル・メンバーから提言された内容を製造企業が整理して、実際に実行されるプログラムを選択して、それを報告書にして会議に参加したメンバーに配布しています。実際に提案の大半が実行されており、流通業者のモチベーションも高く保たれています。

最後に、スティーブン・ウィーラーおよびエバン・ハーシュの『Channel Champions』（邦訳：チャネル競争戦略）のコメントを紹介しておきます。

チャネルは顧客と企業が交わる接点であり、製品やサービスを購入したり、使用したりする場所や方法に関するすべてが関係する。チャネルは、企業がその顧客に到達するルートであり、顧客との継続的関係にほかならない...チャネルについて考えるときは、戦略全体について考える必要がある。効果的なチャネル管理は、一企業にとどまらず、その業界全体を再構築する可能性を秘めている。

販売促進（promotion）

　販売促進は、広告（advertisement）、広報（public relations）、人的販売（personal selling）、販売促進（sales promotion）、ダイレクト・マーケティング（direct marketing）の5つに分類することができます。お気づきのように販売促進には、上記5つを含めた広義の意味と下記に説明する狭義の意味の2種類があります。

　広告とは、非人格的媒体（たとえば、テレビや新聞、雑誌など）によって自社が自社の製品やサービス、あるいは自社そのものについて行う有料の情報伝達活動です。

　一般的には、**広報**とは、パブリック・リレーションズとも呼ばれますが、非人格的媒体を使って、売り手以外の第三者による当該企業のイメージや個々の製品に関する情報伝達です。自社製品の記事を書いてもらうようなことがよく行われています。**人的販売**とは、文字とおり、人という人格的媒体を使って行うメッセージ伝達であり、プレゼンテーション、質問への返答、注文獲得などを行います。

　販売促進（狭義）は、広告、広報、営業以外のプロモーションを意味します。狭義の販売促進の実質的な意味合いは、上記の3つのカテゴリーには入らない、その他のすべてというカテゴリーです。製品やサービスの試用、購入を促進するためのさまざまな短期的インセンティブを総称したもので、サンプル、懸賞、試飲会、イベント、展示会等が含まれます。

　最後に、近年注目を集めている**ダイレクト・マーケティング**があります。具体的には、LinkedIn、Facebook、YouTube、Web、電子メールなどを使い、特定の顧客や見込み客との直接的なコミュニケーションを行い、直に反応を求めることもできます。すでにお気づきのとおり、販売促進（広義）とは、かなりあやふやな分類原理で類型化されているわけです。まあ、こういうアバウトなところがマーケティングのいいところでもあるわけです。

広義の販売促進の類型について触れましたが、どのように使い分けをすべきなのでしょうか。

ここで少し、消費者行動論の理論を用いて考えてみましょう。個人の顧客が意思決定する際の購買行動をプロセスとしてモデル化したものです。

ステージ1　問題・ニーズの認識

自分の現状と望んだ状態との間にギャップが存在することを知覚し、何らかの問題がありそれを解決したいと認識します。あるいは満たされていないということを感じています。

ステージ2　情報検索

問題を解決し、意思決定するための情報収集をします。

ステージ3　購買代替案評価

情報検索ステージで得られた情報を基に購買の代替案を形成し、ある基準を用いてそれらを評価し、購買行動を起こす前に購入商品（カテゴリー）やブランドを選択します。

ステージ4　選択・購買

購買をするため実際に店頭などに行き、実際の購買をします。

ステージ5　購買後評価

購買後に実際に商品を使用して、満足、不満足の評価を下します。または、選択代替案について再評価を行います。

この購買プロセスの過程で顧客の心理状態が変化するのです。まず、情報を探索することによって、製品やサービスについてまったく知ら

ない状態から知っている状態になり、つまり認知して、さらに正確にその製品やサービスを理解して、好き（あるいは、嫌い）という態度を形成し、購入しようという意図を形成して購買に至ります。この心理的な変化を先ほどの意思決定プロセスと統合すると以下のチャートになります。

図50：意思決定プロセスとしての購買行動

ステージ1：問題・ニーズの認識
自分の現在の状況と望んだ状態との間に違いを感じ、自分の理想的状態を考える。何かの問題がありそれを解決したいと思う。あるいは自分の満たされない状態を感じる。

ステージ2：情報検索
問題を解決し、意思決定するための情報収集をする。

ステージ3：購買代替案評価
情報検索ステージで得られた情報を基に、購買の代替案を形成し、ある基準を用いてそれらを評価し、購買行動を起こす前に購入商品（カテゴリー）やブランドを選択する。

ステージ4：選択・購買
購買をするため実際に店頭などに行き、店頭で実際の購買をする。

ステージ5：購買後評価
購買後に実際に商品を使用して、満足、不満足の評価を下す。

では、実際に図49のような状態の場合はどのような対応をしたらよいと思いますか。どのようなプロモーションを展開したらよいか、具体的に検討していただきましょう。

ケースAはシンプルですね。認知度が低いので、広く知ってもらうのに適した活動としての広告を展開したらよいと思います。ケースBはどうでしょうか。これはやや複雑です。認知度も高いですし、製品やサービスに関する理解もきちんとなされています。そのうえで嫌い

図51：購買率を上げるためにはどうしますか？

	【ケース A】	【ケース B】	【ケース C】
母数	100	100	100
認知	42	80	71
理解	29	70	58
態度	22	16	40
意図	15	12	14
購買	10	10	10

と判断されてしまっているわけです。このケースでは、潔く製品コンセプトを一から見直すか、いっそのことターゲットを変えてみるという選択をお勧めします。ケースCはどうでしょうか。態度までは、まあまあなのですが、購入したいという確信が得られていないわけです。いいなと思っていても買う気にまでは至っていないのです。

ここは、肩をぽーんと押して差し上げる活動としての販売促進がいいのではと考えます。たとえば、大きな設備関係を販売する場合は、デモンストレーションを工場見学とセットで実施するとか、小さな装置ならトライアルでとりあえず使ってもらうとか、消費財なら試供品の提供とかいっそのこと価格インセンティブで期間限定特別ディスカウントとか、低利のファイナンスをつけるとかなどです。

要は態度（これを英語ではattitudeといいますが）が大事なのです。
"いいね"と言ってもらえれば、プロモーションの活用如何で何とかな

るわけです。では、態度（"好き嫌い"とか"いいね"のレベル）というのはどのようにして形成されるのでしょうか。それを説明する理論が、多属性態度モデル（multi-attribute attitude model）と呼ばれるものです。

$$態度（Attitude）= \sum_{x=1}^{n} b_i e_i$$

式で書くと上記のようになります。

要は、対象となっている製品とかサービスが複数あって、比較検討しようとしている属性がn個あるとします。候補としている対象物に、自分が求めている属性が備わっているとしたら＋3、備わっていないならば－3とします。属性が備わっているかが信念"b"で表現されています。そしてそもそもそれぞれの属性をどのように評価するか、つまり各属性を持っていることが良いことなのか＋3、悪いことなのか－3、言うなれば重要度ですが、これをeで表現しています。各属性の信念と重要度の積和が態度を決定づけるという式です。

信念：b=belief→属性を持っていると判断するかどうか
　　　　b_i→対象物がi番目の属性を持っているという信念（属性有り＋3、無し－3）
評価：e=evaluation→製品の各属性の評価、重要度（評価する＋3、評価しない－3）
　　　　e_i→そのi番目の属性に関する評価的側面、信念（属性）iの重要度
態度：a=attitude→製品の各属性に関する信念（具備レベル）と評価（重要度）の積和

最後に広義の販売促進（プロモーション）戦略の立案のステップ

図52:態度形成のメカニズム

各属性の具備レベル(信念)とその評価(重要度)は?

属性	属性評価 e 評価する+3	属性に関する信念 b 持っていそう+3、もっていなさそう-3					
		鈴木印刷 (仕事が早い)		佐藤印刷 (コスト安い)		田中印刷 (品質がよい)	
		bi	biei	bi	biei	bi	biei
Q(高品質)	+3	+1	+3	-1	-3	+3	+9
C(低価格)	-1	+1	-1	+3	-3	-3	+3
D(短納期)	+2	+3	+6	+1	+2	+1	+2
総合		+8		-4		+14	

b: belief(ブランド戦略の際に重視される属性に関する主観的評価)
e: evaluation(各属性の重要度)

についてコメントしておきます。次の6つのMで考えます。

1. プロモーションの目的確認（mission）
2. 標的市場の設定（market）
3. プロモーションの予算決定（money）
4. メッセージ作成（message）
5. 媒体選択（media）
6. プロモーションの有効性確認（measurement）

具体的に広告で考えると下記のようになります。
①広告の目的確認、②ターゲット・オーディエンスの明確化、③広告予算決定（経験則法、目的－タスク法[18]、閾値を越す必要性）、④メ

---

18 タスク法:
広告が遂行すべきタスクを評価し、各タスクに関わるコストを分析して、総コストを合計して最終的な予算とする広告費予算の手法。

ッセージ作成(ターゲット・ユーザーの求める効用、購買センターの構成員のニーズの明確化)、⑤媒体選択(水平型・垂直型[19]、到達コスト、頻度)、⑥広告の有効性評価(達成度の確認)。

■ マーケティングの応用

　マーケティング戦略の総論、各論とみてきたわけですが、この辺で高度な応用編というわけでもないのですが、特に留意しておきたい**脱コモディティ**というテーマについてコメントさせていただきたいと思います。お仕事で長年お付き合いさせていただいているクライアントの企業の方から、特に最近、製品のコモディティ化による利益悪化傾向について相談をいただきました。

　そもそもコモディティ化はなぜ生じるのでしょうか。供給される製品・サービスの差別化が困難になり、顧客からみても、本質的な部分で違いを見出しにくくなっているという状況が「コモディティ化」と考えられますが(元来「コモディティ」とは産品とか原料という意味です)、実際にその企業では画像処理システムの画素数をたとえば、500万画素から1000万画素にして差別化したつもりでも、顧客は違いを十分認知できず価格には反映されなかったということです。

　むしろ一部の顧客からは、オーバー・エンジニアリングと感じられてしまうことすらあるわけです。差別化が非常に困難な現代において、企業はどのようなマーケティング戦略を練っていけばいいのでしょうか。**右ページの図はどうしたらコモディティ化を避けることができるのかということを考えるためのたたき台です。**

　図中のy軸は提供する価値そのものを表現する軸で、機能中心の価値(処理速度、容量、薄さ、軽さ、小ささ、耐久性等)と、感性的な価値(デザイン、使用感というような五感に対する刺激や、それに加えて、安心感、あたたかみ、わくわく感というような世界観も含めて)

19　垂直型:
垂直型とは、特定の業界内で現場監督から社長までが読むような業界紙。水平型とは、業界を問わず、タスクや技術または機能で特色を出しているような専門誌。

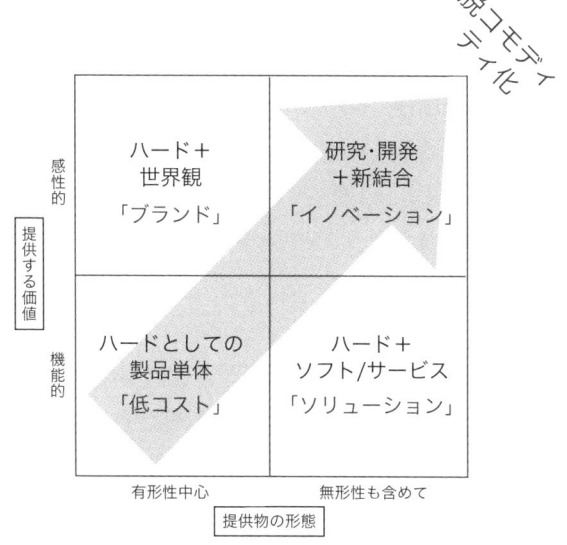

図53：脱コモディティと顧客価値
～提供する価値と提供物の形態と～

資料：ナラヤンダス（2003）、延岡（2006）等の資料を基に笠原作成

のどちらを出していくのかという要素です。x軸は、その価値の提供方法を表現しています。ハード中心か、それともソフトも加えての展開なのかということです。

　まず左下ですが、機能的な価値をハード中心で展開するケースです、たとえばPCのブランドというとデルが典型的です。**この領域では、新製品を作ってもリバース・エンジニアリングですぐ模倣されます。**したがって低コストで製品を提供できる仕組みが必要です。

　デルの古典的なビジネス・モデルを見てみましょう。直接販売と受注生産を組み合わせたビジネス・モデルで、顧客からのオーダーを受け、その要望に合わせて外部サプライヤーから部品を調達して、カス

タマイズした製品を、生産、流通、小売業者を介さずに直接販売しています。直販のため流通マージンを省略できます。加えて受注生産方式のため、在庫の回転率は高く、しかも半導体部品は日々値段が下落し、早いサイクルでより高機能の部品が市場に投入されるため、部品の価格低下を即販売価格に反映できます。顧客は陳腐化していない最新のスペックのパソコンを低コストで購入できるということになります。この象限でのポイントは脱コモディティ化というよりも、コモディティ化した市場でどのように競争優位を維持拡大するのかというテーマです。

　脱コモディティ化の方向のひとつが、感性的な価値を出していく方向です。デザイン、使用感というような五感に対する刺激、安心感、あたたかみ、わくわく感というような世界観も含めて価値を出していく方向です。PC関連で考えると、パナソニックのタフブックとかタフパッドシリーズです。まさに名前の示すとおり、建設関係者、警察、特殊部隊をターゲットに、いかなるハード環境においてもタフに機能を発揮するという安心感を提供しています。この象限ではハードとしての製品をブランド化することがポイントと考えます。

　次の脱コモディティ化の方向性が、ハードに各種サービスやソフトを加えて展開するケースです。少し古いお話ですが、富士通が主体となって展開したパソコン通信サービスのNIFTY SERVEなどは、ハードとしてのPCに、通信というサービスを組み合わせた古典的なケースと考えられます。NECがインターネット・サービス・プロバイダーであるBIGLOBEによって提供している価値もPCというハードとプロバイダーによる各種サービスの統合と考えられます。最近では、小売業界に対して、タブレットを活用してどのように顧客インターフェースを改善したらよいかなどの業務革新提案をコンサルティングしながら、システム・ソリューションを販売していくような展開が考えられ

ます。

　最後の方向性が右上の象限です。提供する価値が機能中心から感性的価値の提供にシフトすると同時に、その価値提供の方法もハード中心から、各種サービスを加えたものに複合化させるという価値転換をともなう内容です。この象限は、シュンペーターのいう新結合にほかなりません。アップルが典型的なケースとして考えられます。アップル社のビジネス・モデルの構成要素は、スタイリッシュな携帯音楽プレーヤー、通信システム、ミュージック・映画・ビデオの配信サービスであるiTunes、書籍管理ソフトのiBook、あらゆる生活シーンをわくわくさせる多種多様のアプリケーション、進化し続けるマックOS、何かあった際にハイタッチ感で対応してくれるアップルストアなどの各種要素の統合モデルです。携帯端末や音楽プレーヤーとしての機能に加え、スタイリッシュなデザイン、音楽・映像配信サービスというありろな要素を"新結合"したモデルと考えることができます。アップル社の顧客価値は、決して固定したものではなく、端末というハードを購入したあとで、アップル社と相互作用しながら、顧客がおのおのの自分のライフスタイルに合ったソリューションを経験しながら価値を創造していくところに特徴があります。ここでのポイントは単に各種要素を新結合させるだけでは、イノベーションは起こらないということです。アップルのモデルに見られるように、顧客との価値共創のために顧客との関係性を志向し、顧客との価値共創の結果として、顧客との関係性がさらに強化・発展していくという循環を通して、**顧客に受け入れられ、真のイノベーションが生まれると考えます。**

　従来は、製造業＝モノ作り、サービス業＝サービス提供という図式があったと思いますが、イノベーションは顧客に受け入れられて初めて世の中に革新が起きるわけで、喜ばれて、感謝されて、受け入れられるモノ作りということで、製造業こそサービス業で、その中核のひとつがハードであるくらいの考え方が必要ではないかと考えます。

18 ステップ⑫　バリュー・チェーン
価値を創出するシステムをどう構築するか

■ 必要不可欠な3つのプロセス

　マーケティングの応用のところで、価値の創出の基本パターンとして4つの類型を紹介させていただきました。
　これは、あくまでも類型であり、事業ごとに独自の価値の出し方を考えていく必要があるわけですが、ここでは、顧客価値が決まれば、価値を実際に創出するためのバリュー・チェーンを構築し、提供価値に適合させつつ、継続的に強化していかなければなりません。
　顧客価値創造に必要不可欠な主要なバリュー・チェーンは以下の3つに集約されます。

①オペレーション管理プロセス（生産・製造）
②顧客関係性管理プロセス（営業・販売）
③イノベーション管理プロセス（研究・開発）

　各プロセスの相対的な重要性は、どのような顧客戦略を採用するのかということによってかなり異なっていることは言うまでもありません。
　たとえば、イノベーション追求型の戦略を採用するならば、イノベーション管理プロセスに重点が置かれる一方で、低いトータル・コス

ト戦略を推進する場合は、オペレーション管理プロセスがポイントになります。

しかし、いずれの場合も、各プロセスが有機的に結びついて価値提案を支えることができるわけで、社内の複数のプロセスが統合され、連動することでシステムとしての優位性が高まり、模倣されにくくなります。その結果としてシステムとしての優位性の継続性も高まることになります。

なお、**システムを有機的に機能させるためには、マーケティングと各機能の調整と同期化が必要不可欠です。**ポイントをまとめておきます。

図54：顧客価値に合わせたバリュー・チェーンの構築・調整

	社内ビジネス・プロセスにおける重点領域		
	オペレーション管理（生産・製造）	顧客関係性管理（販売・営業）	イノベーション管理（開発・研究）
低いトータル・コスト戦略	高度に効率的なオペレーション・プロセス、効率的でタイムリーな物流	顧客にとって便利なアクセス、購買後サービスの充実	プロセス・イノベーションの追求、規模の経済の獲得
新結合イノベーション戦略	柔軟な生産プロセス、新製品の早期導入	新提案に際しての顧客アイデアの獲得、複合的な新製品/サービスを相互作用で開発	新しい機能や特徴を出すべく研究・開発を行い各種要素を新結合
完結した顧客ソリューション戦略	広いラインでの製品/サービスの提供、広範囲にわたる製品/サービス提供を可能にするサプライヤー・ネットワーク	顧客に合わせてカスタマイズしたソリューションの提供、顧客との深い関係性構築、顧客に関する知識の強化	顧客をサポートする機会の探索、顧客の将来的ニーズの予測
ブランドによる顧客囲い込み戦略	高い品質の製品/サービスを提供する能力の確保、信頼できるアクセス	認知率のアップ、既存および潜在顧客のブランド・スイッチ・コストを高めるための働きかけ	高い品質、デザイン、使用感というような五感に対する刺激を開発

Robert S. Kaplan and David P. Norton（2004）をもとに筆者が加工修正

図55：機能横断的な連携

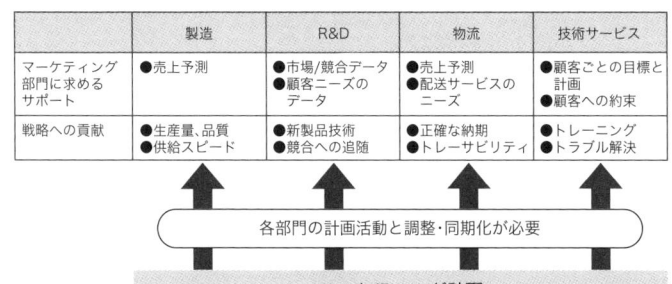

19 ステップ⑬　組織・制度

戦略を機能させるための インフラをどう整えるか

■ マッキンゼーの「7つのS」

　さて事業の範囲が定まり、競争戦略、マーケティング戦略、それを支える機能戦略が明確になった段階で、各種戦略を機能させるための社内インフラとしての組織・制度についても考えなくてはなりません。
　ここでは、**組織を機能させるための、マッキンゼーの「7つのS」**について解説します。また、戦略を推進していくためには、組織を変革させていくことも必要になるかもしれません。組織変革のためのポイントについても最後にコメントいたします。

　マッキンゼーの「7つのS」とは、企業戦略におけるいくつかの要素の多様性と相互関係をあらわしたものです。
　「7つのS」のそれぞれの要素には、始まりもまた上下関係も存在しません。優れた企業では、各要素がお互いを補い、強め合うことで、常にゴールに向かって前進しています。
　要は、どのSが重要かではなく、全体で最大の力を発揮できるかを考えています。

7つのS
Shared Value（共通の価値観）
Strategy（戦略）
Structure（組織構造）
System（システム・制度）
Style（経営スタイル）
Staff（スタッフ）
Skill（スキル）

　マッキンゼー・アンド・カンパニーが、トム・ピーターズとロバート・ウォーターマンの考えに基づいて、組織が戦略を実行に移す際に、互いに補完し影響しあう7つの要素にまとめたものです。このモデルは、7つの要素の頭文字をとって"7Sモデル"と呼ばれます。7つのSは、ハードの3Sとソフトの4Sに分かれます。

　ハードの3Sは、戦略（Strategy）、組織構造（Structure）、制度（System）が含まれます。戦略には、事業の範囲、競争戦略、マーケティング戦略、機能戦略などが含まれます。組織は、事業部制、機能別組織といったような組織の基本構造のことです。制度は、意思決定、責任権限、情報伝達、人事制度、会議体、コンプライアンス関連など、組織を動かす仕組みのことを意味します。ハードの3Sは、比較的変更することが容易なものと考えられます。

　ソフトの4Sには、共通の価値観（Shared Value）、経営スタイル（Style）、スキル（Skills）、人材（Staff）が含まれます。経営スタイルとは、会社の社風や組織文化のことです。スキルとは組織に備わっている独自のスキルや技術の複合体としてのコア・コンピタンスのことです。人材とは組織全体の人材です。共通の価値観とは、従業員によ

って認識、共有されている価値観であり、ミッションと考えてもよいと思います。

　ソフトの4Sは、なかなか変えることが難しいと考えられます。ですから、変革をマネージメントする際には、場当たり的なアプローチではなく、しっかりしたビジョンと戦略の下に取り組む必要があるのです。

　上記の7Sの要素のうち、どれを欠いても組織の戦略実行は効率的に行われないというのが、7Sモデルの示唆するところです。

　最後に組織変革を推進する際のポイントについて、大事な点を列挙しておきます。

<組織変革のポイント>
①危機感の共有、醸成(現状分析をスタッフも含めて自ら実施する)
②部内での連帯感の構築(ビジョンの共創、全員参加の決起大会実施する)
③部をブランド化(社内外での認知度アップ、イメージ向上、社内でサポーターを増やす活動を強化)
④ビジョンや企業戦略との整合性のチェック(常に基本に立ち戻る)
⑤リスクと柔軟性(予期せぬ出来事に対する柔軟な対応、創発的アプローチ)
⑥短期的な成果の実現(比較的初期の段階で小さな成功を仕組む)
⑦進捗の測定と評価(実行計画の追跡と数字上の成果だけではない多面的な評価をする)
⑧みんなで祝杯、セレブレーション(事業部内でのコミュニケーションを促進するための祝賀式)

Beehnam N. Tabrizi(2007)を基に一部修正

Column 4

テクノロジー・ライフサイクル

　マーケティングの応用編のところでもコメントさせていただきましたが、イノベーションとはテクノロジーを過激に進化させるという売り手側の理論ではなく、むしろ顧客に受け入れられて生じるものと考えるならば、新技術の対象顧客や市場がどのような状況なのかということを考えて、いままで検討していきたような施策を検討することがポイントになります。

　ムーアの理論によりますと、テクノロジー・ライフサイクルにおける最初のステージを構成する初期市場では、顧客の知識力がそもそもかなり高く、情報処理能力も高いので、最先端の技術でも比較的スムーズに普及すると考えます。しかし、そのような顧客は数として多くありません。売上はその後頭打ちになり、次の顧客である前期大衆顧客や後期大衆顧客にまで、技術が普及せず終わってしまう可能性が高いのです。これがキャズム（溝）と呼ばれるステージです。キャズムにはまらない方法、または、それを乗り越えて、さらに持続的に技術を普及させていための留意点を整理しておきます。

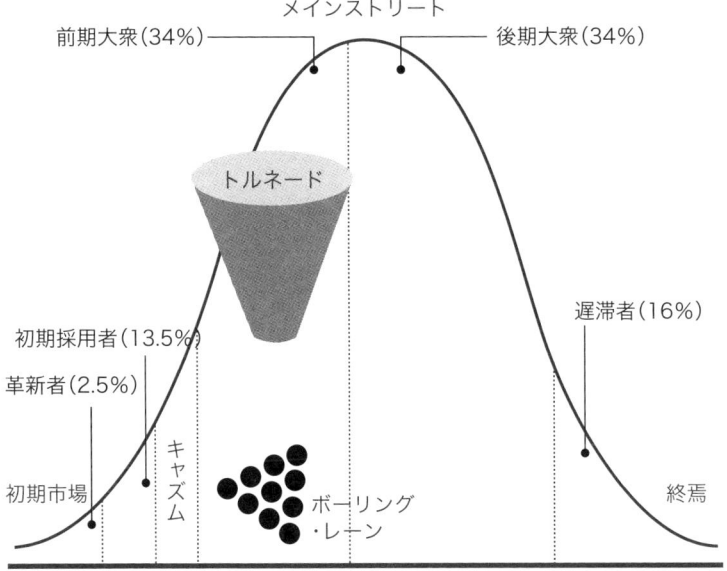

テクノロジー市場におけるライフサイクルのマネジメント

ステージ	特徴	ポイント
初期市場	興奮が巻き起こり、新しいパラダイムへ我先にとびつこうとする技術的熱狂者やビジョナリーが顧客。	R&Dをベースにリード・ユーザーとのコラボレーション。
キャズム	深刻なスランプ期。初期市場の興奮が冷めてくる一方で、メイン・ストリームは、製品の未熟さをきらい、まだ触手を動かさない。	メイン・ストリームの中の特定の顧客セグメント向けのホール・プロダクトを提供する。いわゆるニッチ戦略の展開。既存のソリューションとの差別化を図る（製品リーダーシップ）、全力を特定の顧客セグメントに合わせて、同様の他社製品と差別化することに集中する（カスタマー・インティマシー）。競争優位を保つための3類型〜リーダー（全方位）、ニッチャー（集中差別化）、フォロワー（コスト集中）。
ボーリング・レーン	メイン・ストリーム市場を標的にする前に、まず、特定のニッチな顧客を狙いすます時期。顧客側の強いニーズと開発企業側の積極性をベースに、ニッチ分野の需要を満たすホール・プロダクトが生み出される。	
トルネード	メイン・ストリームが開花する時期。一般の顧客層が新しい、パラダイムをインフラとして採用し始める。	大衆市場向けの一般的な戦略。標準的なインフラを広く普及させるための製品リーダーシップとオペレーショナル・エクセレンスがポイント。
メインストリート	アフター・マーケットの時期。基本的なインフラが普及し終えて、更なる可能性の追求に取り組み始める。	顧客中心のアプローチにもどり、マス・カスタマイゼーションを通して、インフラに付加価値を加える。カスタマー・インティマシーとオペレーショナル・エクセレンスが重要。

PART 4

強い会社は、目に見えないものも「評価」する

業績・成果

Introduction
Corporate strategy
Business strategy
Functional strategy
Social Bond
Presentation

Introduction
Corporate strategy
Business strategy
Functional strategy
Social Bond ■
Presentation

20 経営戦略の成果はどのように測定するのか

■ 事業戦略は「数字」で表現できてナンボ

　かなり前のお話になりますが、某メーカーの国際部主催のプレゼンテーション大会に参加させていただいたことがあります。

　国際部のメンバーが、海外事業戦略を自社の経営陣に提言するという内容のプレゼンテーションでした。新興市場における市場開発戦略、欧米のニッチ・セグメントに深く浸透する戦略、アジア向けの新製品開発戦略等、大変刺激的な戦略オプションが提言されました。私の役割は、各チームに質問をして、最後にまとめのコメントをするというものでした。

　海外市場いうことで、現状分析がかなり難しいと思われましたが、JETRO等で2次資料を集め、限られた対象者でしたが、フォーカス・グループ・インタビューも実施して、仮説の検証もそれなりにできていました。「社長！ぜひやらせてください！」的な熱いトークもあり、プレゼンテーション大会としては、大成功のような雰囲気がありました。

　しかし、経営陣の多くが、これはいける！という確信を得られずにいたわけです。一体その理由は何だと思いますか。

■ 売上モデルはよりよい戦略を考えるためのもの

　それは、事業戦略の最後の仕上げである売上モデル、利益モデルが入っていなかったということなのです。

　プランはそれなりに工夫された内容で、事業戦略としてはなかなかおもしろい提案もありました。しかし、肝心の、このプランをやればこれだけ儲かるというメッセージが欠如していたのです。

　熱いプレゼンを聞いた後で経営トップが、おもむろに聞く質問は、「で、結局いくら儲かるのかな？」です。**その戦略を実施することにより、どの程度の売上や利益が期待されるのか、どの程度の事業価値が生み出されるのかという視点がなければ、戦略の善し悪し、あるいは、戦略の改善方向を議論することが難しい**のです。

　売上モデルをとりあえず作成して、それを基にさらに魅力的な戦略オプションを検討することが売上モデルを活用する理由です。

　もちろんセグウェイ[20]のようなまったく新しいコンセプトの製品の売上をモデル化することは難しいのですが、それでも、仮説として設定した標的市場のみで当初想定した事業規模に達するのか、そのボリュームで損益分岐点に達するのか等の議論は十分可能です。

　売上予測は、的中させるために行うのではなく、戦略オプションを検討して、より良い内容にしていくためのプロセスということです。

■ 事業活動の成果指標

　本書では、システムとしての経営戦略を、企業戦略および事業戦略の構成要素を中心に検討してきました。**最後の仕上げとして、戦略を数字で表現することにより事業の本質やリスクを理解することの重要性について言及しておきたい**と思います。

　経営の成果としては、上記のような売上とか利益という定量的な指標が重要なのですが、実は売上とか利益と同じくらい大事な定性的な

20　セグウェイ：
2000年初期にアメリカの発明家ディーン・ケーメンを中心に開発された電動立ち乗り二輪車。

指標があります。それがブランドです。顧客との強い関係性、いわゆる絆(きずな)が形成されていなければ、長期継続的に競争優位を構築することは困難です。商品の機能や品質で一時的に差別化できたとしても、十分ではありません。本書では、戦略の成果を定量的な要素（売上、利益）と定性的な要素（ブランド）に分けてコメントします。

■ 伝統的な手法で十分シミュレーションできる

　成果を上げる手段はいろいろ考えられると思いますが、それぞれの手段には当然コストがかかることを忘れてはなりません。各手段を選択することによって、どの程度の売上を上げなければ、その手段が意味をなさないかということを簡単にチェックする伝統的な方法があります。BEP（損益分岐点）分析です。ポイントを整理しておきます。以下の4つのケースをご紹介します。まず基本概念を説明します。

①基本形
②固定費変動ケース
③単位貢献利益変動ケース
④固定費および単位貢献利益変動ケース

　　益額＝収益－費用
　　　　＝（販売数量×単位売価）－（販売数量×単位変動費）－固定費
　　　　＝販売数量（単位売価－単位変動費）－固定費
　　　　＝販売数量×単位貢献利益－固定費
　　　　＝貢献利益－固定費

　取引数量（unit volume）とは一定の期間における製品・サービスの取引件数です。単位売価（unit price）とは、当該企業（製造業）に支払

われる金額（小売価格からチャネル・マージンを引いた額）のことを意味します。単位変動費 (unit variable cost) は、直接製品に割り当てることのできる変動費（売上に比例的に発生する費用）の合計です。固定費 (fixed cost) とは、製品を製造・販売するのに必要な費用で、且つ、直接製品には割り当てることのできない固定費（売上高の変化には関係なく一定額として発生）の合計です。営業人件費、販売・一般管理費等で、製品に配分可能な場合は除きます。単位貢献利益 (unit contribution) とは単位売価から単位変動費を引いたものを意味します。

①基本形

```
損益分岐点販売総数量　⇒　売上高 − 総費用 = 0
販売数量（単位売価 − 単位変動費）− 固定費 = 0
販売数量 = 固定費 ÷（単位売価 − 単位変動費）
　　　　 = 固定費 ÷ 単位貢献利益
```

それでは、次のようなケースの場合は、どう考えたら良いでしょうか。

例題1：ＡＢＣ製作所が希望小売価格￥1,000の製品を製造。小売レベルでの実勢市場価格は￥900。流通マージンは￥400。単位変動費は￥300。固定費は広告費として￥170MM、消費者向けプロモーションとして￥50MM、代理店等の流通向けプロモーションとして￥120MM、営業チーム関連費用として￥200MM、そして販売・一般管理費として￥60MMが想定される。損益分岐点販売総数量は？

解答：損益分岐点販売数量 = 固定費 ÷ 単位貢献利益
　　　　　= 600MM ÷ 200 = 3,000,000
　　　単位貢献利益 = 900 − 400 − 300 = 200
　　　固定費 = 170MM + 50MM + 120MM + 200MM + 60MM

②固定費変動ケース

> 損益分岐点の増減額＝固定費増加額÷単位貢献利益

例題２：ＡＢＣ製作所では広告費として150MMの追加予算を検討中。この増額によって、損益分岐点を確保するために必要な、販売数量はどのように変化するか、新たに必要な追加販売数量をお答えください。

解答：損益分岐点販売数量増加額
　　　＝固定費増加額÷単位貢献利益
　　　＝150MM÷200＝750,000

③単位貢献利益変動ケース

> 損益分岐点の増減額＝(従来の販売数量×単位貢献利益の減少*)÷新たな単位貢献利益
>
> *単位貢献利益の減少　＝従来の単位貢献利益－新しい単位貢献利益
> 　　　　　　　　　　＝（従来の単位売価－従来の単位変動費）－（新しい単位売価－新しい単位変動費）
> 　　　　　　　　　　＝（従来の単位売価－新しい単位売価）＋（新しい単位変動費－従来の単位変動費）
> 　　　　　　　　　　＝単位売価の減少＋単位変動費の増加

例題３：ＡＢＣ製作所では毎年コンスタントに9,000,000ユニット販売してきた実績がある。現在、￥50の値引きを検討中。仮に値引きを実施する場合、新たな単位貢献利益は？貢献利益の減少に応じて、新たに必要になる追加販売数量をお答えください。

解答：損益分岐点販売数量増加額
　　　＝従来の販売数量×単位貢献利益の減少÷単位貢献利益
　　　＝9,000,000×50÷150＝3,000,000

③固定費及び単位貢献利益変動ケース

> 損益分岐点の増減額＝(固定費増加額＋従来の販売数量×単位貢献利益の減少*)÷新たな単位貢献利益
>
> *単位貢献利益の減少　＝従来の単位貢献利益－新しい単位貢献利益
> 　　　　　　　　　　＝（従来の単位売価－従来の単位変動費）－（新しい単位売価－新しい単位変動費）
> 　　　　　　　　　　＝（従来の単位売価－新しい単位売価）＋（新しい単位変動費－従来の単位変動費）
> 　　　　　　　　　　＝単位売価の減少＋単位変動費の増加

例題4：ＡＢＣ製作所ではＡＢＣ製作所では広告費として¥150MMの追加予算を検討中。同時に、¥50の値引きを検討中。ABC製作所の従来の販売実績は、9,000,000ユニット／年。値引きによって単位貢献利益は¥150となる。固定費の増加と貢献利益の減少によって、新たに必要になる追加販売数量をお答えください。

解答：損益分岐点販売数量増加額
　　　＝（固定費増加額＋従来の販売数量×単位貢献利益の減少）÷単位貢献利益
　　　＝150MM＋9MM×50÷150＝4,000,000

21 ステップ⑭ ブランド・リレーションシップ

顧客との「絆」をどうつなぐのか

Introduction
Corporate strategy
Business strategy
Functional strategy
Social Bond ■
Presentation

■ ブランドは4つの階層で整理する

ブランド・リレーションシップを構築するということは、顧客との強い絆を創ることを意味します。 ブランド・リレーションシップの質は以下のような項目によって測定することができます。

図56：ブランド・リレーションシップの質

構成要素	測定項目（例）
パートナーの質	✓このブランドは私のことを気遣ってくれる ✓このブランドは頼れるブランドである ✓このブランドは私の関心ごとに反応してくれる
自己との結びつき （同一性）	✓このブランドは私の一部である ✓このブランドは私を表現している ✓このブランドはなりたい自分に近づけるよう手助けしてくれる
愛・アタッチメント・ コミットメント	✓このブランドを愛している ✓このブランドに忠実である ✓将来にわたりこのブランドと関係を維持していきたい
親密性 （消費者から ブランドへ）	✓このブランドの歴史や背景を知っている ✓このブランの謂われや意味を知っている ✓このブランドについて、普通の人よりもよく知っている
親密性 （ブランドから 消費者へ）	✓この企業は私のニーズをよく理解している ✓私にあった製品を企画している ✓この企業は人としての私をよく理解している

資料：Fournier（2009）を基に加工修正

ブランド・リレーションシップは、根底から頂上まで上昇する連続的なステップを経て構築されると捉えることもできます。頂上が絆ですが、それを含めて4つの階層でブランドを整理しています。ブランド・レゾナンス・ピラミッド[21]です。

①認知を量的質的にアップ（アイデンティティ）
　↓
②ブランドの意味の了解（特性・属性/使用状況イメージ）
　↓
③市場から望ましい反応の引き出し
　（理性的な判断/感情的な反応）
　↓
④顧客との関係性・絆の構築
　（ロイヤルティ・コミットメント）

図57：ブランドの構成要素

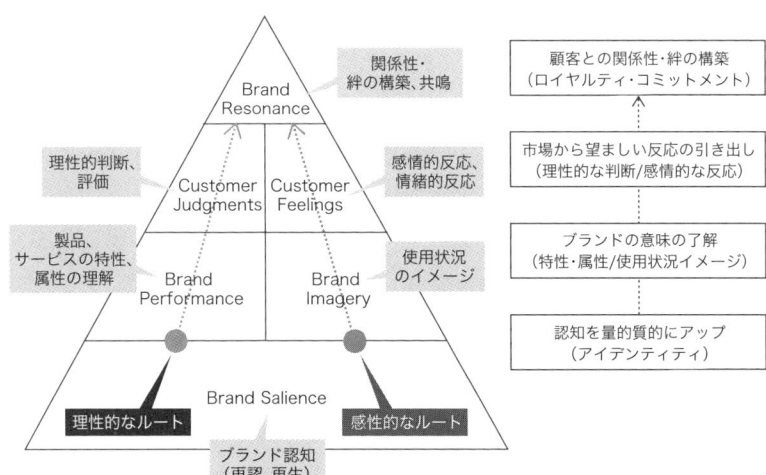

Kevin Keller (2001)

21　ブランド・レゾナンス・ピラミッド：
ブランドの構築を根底から頂上まで上昇する連続的なステップと捉えているのが、ブランド・レゾナンス・ピラミッドまたは顧客ベースのブランド・エクイティ・ピラミッド（CBBE）。ダートマス大学のケビン・レーン・ケラー教授によって説かれたもの。

22 ステップ⑮ 事業性評価
売上と利益をどう評価するのか

■ 押さえるポイントは最小限でよい

　事業性評価というと、どうしてもファイナンスの知識を駆使して、事業の現在価値[22]などを算出したうえで検討を加えないといけないと考えがちです。

　もちろん、高度なファイナンスの技術を使ってはいけないということではないのですが、**現在価値やIRR[23]などのファイナンスのテクニックを適用するために必要なキャッシュ・フロー（CF）が、そもそもどの程度の粗さで求められるかということを考えて整合性をとらなければならない**ということです。

　ところで売上はどのようにして求めることができるのでしょうか。
　一般消費財のような市場を対象にする場合は、市場全体の中から標的市場を抽出して、それにシェアを掛けてそれに単価を掛け合わせてハイできあがりなんていう感じではないでしょうか。そこから想定される固定費と変動費をラフに見積もって売上から引いて利益を出すというレベルではないかと思います。

　事業戦略に関する事業性評価については、精緻な数字をきちんと押さえて計算をするというよりも、ポイントとなる要素はきっちり押さえて、あとは大胆に仮説を使っていろいろ計算してみる（これをシミ

---

[22] 事業の現在価値：
事業から創出されるCFを算出して、現在の価値に割り引いたものから初期投資額を差し引いたものが事業価値となる。

[23] IRR：
事業計画から得られる現金収支の現在価値から初期投資額を差し引いた金額、つまり正味の価値（儲け）がゼロとなる割引率。

ュレーションといいます）というスタンスがよいのではないかと思います。

　将来のキャッシュ・フローの最大化を実現することを目的変数として、それを実現するための説明変数としての戦略オプションを考えるということです。

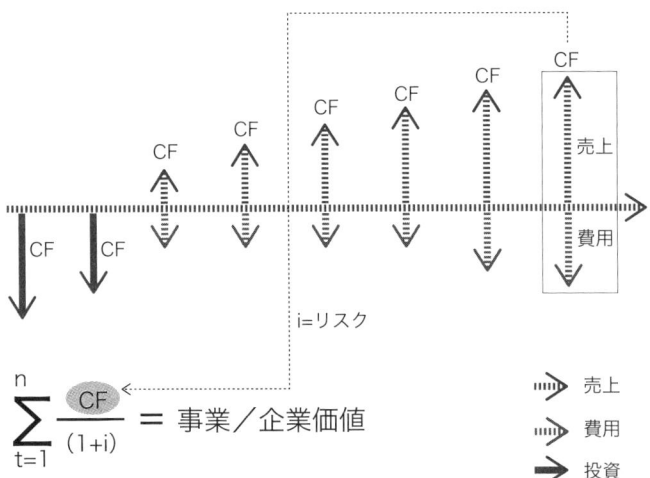

図58：将来想定されるCFの最大化

　念のために、事業戦略を売上、利益等で検討しないとどのような不都合が生じるのか確認しておきたいと思います。ざっとまとめると次のようになるのではないかと考えます。ひと言で言って、数量化しないことによって失うものは少なくないです。

- ☐ 優先順位を明確にできない
- ☐ どの解決策が最も利益に貢献するかが不明
- ☐ チームメンバーの実行に向けたやる気が限定される
- ☐ どの程度の価値を創出できるのかが不明

では、実際に数量化する際のポイントはどのようなものでしょうか。

基本的に、簡便性に主眼を置くべきです。英語で"封筒の裏でちょこっと計算するモデル"（a simple back-of-the-envelope model）と表現しますが、簡易シミュレーションをベースとすべきです。

たとえば、ターゲット市場における顧客数、顧客ごとの購買単価、顧客の購買頻度、顧客獲得コストなどを押さえてモデルを作成し、モデルを構成するキー要素を変動させて簡易シミュレーションを行うことをお勧めします。

自社の戦略方向、競合ベンチマーク調査、過去のデータ等を参考に判断・評価しますが、どうしても仮説を知識化できないような場合においては、他の仮説を固定したままで、対象となる仮説を一定レベル変動させてインパクト調査を実施します。

売上モデルの作り方の例です。

売上＝プロジェクト件数×カバー率×勝率×プロジェクト単価

売上＝標的市場×出現率（採用率）×シェア×価格

売上＝ディストリビューター数×売上

売上＝市場規模×シェア

売上＝ユーザー数×ユーザー当たりの消費金額

売上＝個数×単価

売上＝トヨタ売上×ホンダ売上×日産売上

繰り返しになりますが、**シミュレーションの目的は、キャッシュフローの要素を事業戦略の構成要素と関連させて、将来想定されるキャッシュ・フローを最大化するための戦略オプションを試行錯誤するためのプロセスと考えていただいたらよい**かと思います。

図59：CFの要素と事業戦略要素

売上高

```
標的市場      ターゲティング
  ×
 シェア  ←－・ 4P（製品、価格、販路、販促）
  ×
 価格   ←－・ 単価（価格）
```

－費用

```
 固定費  ←－・ 4P（販路、販促関連費用）
  ＋        機能戦略（開発、生産、物流等）
 変動費  ←－  一般管理費
```

± 減価償却等 ＝ CF

Column 5

イノベーションが求められているのは戦略だけではない

　日本の名目GDPは1995年に5.3兆ドルのピークを迎え、その後20年にわたって、ほぼフラット状態です。日本企業の売上成長の長期低下傾向、利益の縮小傾向は、いわゆる「利益なき拡大」、「構想なき成長追求」、「規模の不経済」、「無為無策経営」、「戦略なき企業経営」などと揶揄されてきました。

　長期停滞の失われた20年の間に企業の体力、国の体力も脆弱化している。今こそ、大きな構想のもとで、選択と集中、そして持続的な競争優位の構築を考えなければならない。もはや、改善のみの対処療法的無作為経営、いわゆる"do nothing"的なアプローチは許されないのです。

　もちろん大きな構想のもとで再構築が求められているのは、戦略そのものだけではありません。戦略を実施していくための、あるいは、それを生み出すためのインフラストラクチャーとしての組織や制度についても同様なのです。

　日本の経済・社会システムそのものがいまだに「キャッチアップ型」であることの弊害が多くの専門家によって指摘されていますが、少なくとも、個々の組織レベルで、いわゆるコンピタンスの罠（March 1991）にはまっていなか、十分注意しなければなりません。

　ポイントは以下のとおりです。

- 既存の安定的な環境で仕事はできるものの、リスクをとったり、新しい分野に参入することは得意でない人を昇進させる手続きがベースに

なっていないか
- 長期にわたって新しい技術に投資することより、現在の事業の利益を最大化する組織に報酬を与える体系になっていないか
- リスクを最小化して、儲かることが自明の事業やプロジェクトにのみ、資本を注入する予算になっていないか
- イノベーションの原点となる機能間や組織間の学習を阻害するような組織構造になっていないか
- 忍耐や忠節を強調する企業文化によって、現在のみを見て、将来の戦略がおろそかになっていないか

　新興市場としてのアジアの需要をカバーするため、アジアでの開発、生産を前提としたグローバル展開が加速することにより、海外移転という形式で一部の産業分野が国内から撤退していくことも十分考えられます。
　その際にどのような産業を国内で促進し、顧客と所得を確保していくべきなのでしょうか。持続的な利益成長をテーマにした企業や事業ごとの戦略に加え、産業レベルでも大きなビジョンのもとでポートフォリオ戦略を構想しておくことが求められています。

PART 5

強い会社は、
やるべきことを明確に伝える

プレゼンテーション

Introduction
Corporate strategy
Business strategy
Functional strategy
Social Bond
Presentation

Introduction
Corporate strategy
Business strategy
Functional strategy
Social Bond
Presentation ■

23
戦略に深みを持たせる「伝え方」

■ プレゼン資料は「4ステップ」で組み立てる

『「経営戦略」の教科書』というタイトルのもと、本書では、企業戦略、それを構成する事業戦略、事業戦略と密接に関連するマーケティングと機能戦略、そしてこのような各種戦略を支える組織・制度などのテーマについて、私がビジネス・スクールとか企業研修で講義したり、コンサルティングの会議等で解説したりする感じで、ポイントを中心に解説してまいりましたが、いかがだったでしょうか。

ここでは、戦略策定の仕上げとして、プレゼンテーション資料の作成についてポイントを解説します。

> ポイント1：事業目標の実現に有効と判断される戦略要素を組み合わせて事業戦略案を作成する
> ポイント2：事業戦略案を言語モデル、図式モデルを使ってシナリオ化すると同時に、シナリオに含まれる仮説をリストアップして、事業としての不確実性を把握する
> ポイント3：事業戦略案をピラミッド・ストラクチャーで編集して、ビジネス・プランとして完成させる
> ポイント4：ビジネス・プランを基に、エグゼクティブ・サマリーを作成する

PART 5　強い会社は、やるべきことを明確に伝える　プレゼンテーション

図60：目標の実現に有効と判断される戦略要素を抽出

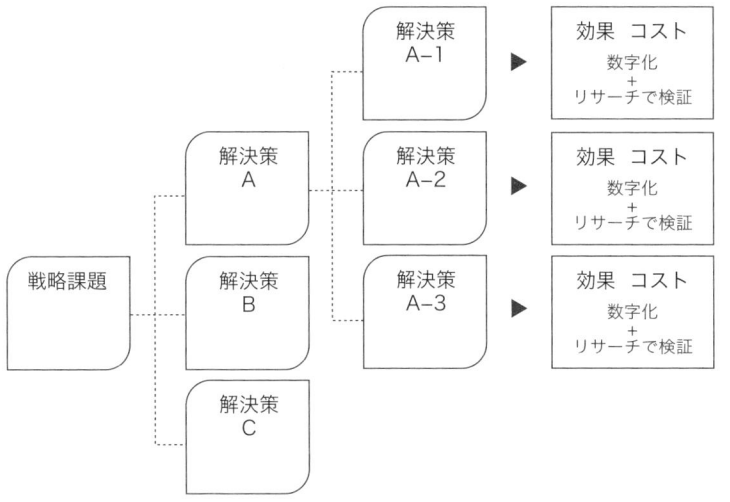

図61：戦略要素を組み合わせて事業戦略案を作成

● 基本方向
　・目標(売上・利益・シェアなど)
　・事業の範囲(製品・市場領域)

● 戦略
　・競争戦略
　・マーケティング戦略
　　・STP
　　・4 P's
　・機能戦略(Value Chain/VC)

● 組織・体制

24 ポイント①
事業目標の実現に有効な戦略要素を組み合わせる

■ 事業戦略のポイントを押さえる

　目標達成に有効と判断される戦略課題、また各課題を解決するための有効な解決策(戦略要素)を組み合わせて事業戦略案を作成します。事業戦略案の項目とポイントは以下の通りです。

1. 事業概要(ビジョン)
　企業戦略で明確に示されている企業のミッション及び目標を踏まえて、当該事業で達成したい、ありたい姿としてのビジョンをシンプルに定義。

2. 現状分析(市場、競合、自社、環境)
　SWOT分析対象としてのCustomers(市場)、Competitors(競合)、Context(マクロ環境)の範囲を定め、Company(自社資源)も含めて、現在から将来にかけてどのように変化するかを真剣に考察し、方向性を提言する上で重要な要素をシンプルに記述。

3. 基本方向
目標(売上・利益・シェアなど)
　SMARTがポイント。

事業の範囲（製品・市場領域）

　目標を達成するための事業の範囲（scope of business）を選択する。事業の範囲は、製品・市場で定義されることが多いが、この事業をどのように定義するかということが、事業としての成長可能性を直接的に規定することになる。競争戦略やマーケティング戦略（STP）に大きく影響を与えるという点で、事業範囲の明確化は大変重要なテーマ。妥協なく、とことん考え抜くことが重要。

4．戦略
競争戦略

　目標を達成するための事業の範囲の中で、どうライバル会社と戦って勝つかの宣言。平均的な企業に比べて、WTP（顧客にとっての価値）を高めていくか、それともWTPは同じでも、生産コストを下げて、比較的低い売価で提供するのかという基本方向を明確にする。

マーケティング戦略（STP＋4Ps）

　選択した事業の範囲のなかで、具体的な顧客市場を厳選し、お客様の満たされないニーズに対する自社としてのユニークなソリューションを考え抜いたうえでそれをポジショニング・マップとして表現して、4Pに展開する。これが売上モデル、費用モデルと直接結び付く。いい加減なシナリオでは売上モデルにつなげられない。

機能戦略（Value Chain/VC）

　研究・開発、生産・製造、営業・販売、品質管理、物流等を検討する。

5．組織・体制

　そして最後ではあるが、極めて重要な項目として、すべての打ち手を推進するために必要なインフラストラクチャーとしての組織、体制、自身のリーダーシップも含めてポイントを記述する。

25 ポイント②
事業戦略案に含まれる仮説をリストアップする

■ シナリオ化すると同時に仮説をリストアップする

　言語モデル、図式モデルを使って事業戦略案をシナリオ化します。

　また計画段階であれば、事業戦略案にはなにがしかの仮説が含まれています。仮説が多く含まれている戦略ですと当然リスクは多くなりますので、実行に際してどの程度検証される必要があるのかを明確にしておきます。事業戦略を実施するまでに、どのような形で個々の仮説を知識化するか計画しておきます。例えばフォーカス・グループ調査、インデプス・インタビュー、サーベイ調査、2次資料調査などの手法が考えられます。

図62：シナリオに含まれる仮説のリストアップ

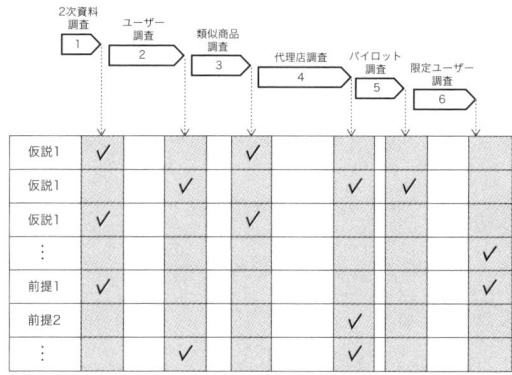

資料：大江建『なぜ新事業は成功しないのか』日本経済新聞社、1998

PART 5 強い会社は、やるべきことを明確に伝える プレゼンテーション

図63-1：シナリオ（言語モデル）

　欧米の完成品メーカーは、生産のアウトソーシングにより、効率アップを図ってきたが、その過程で工場や製造部門が不要になる。当社の戦略は、そのような欧米の完成品メーカーから中古の生産設備を購入し、それを活用しながら、コントラクト・マニュファクチャラー（いわゆるEMS）として、生産シェアを大きく伸ばすというものであった。
　今後も完成品メーカー＝OEMのアウトソーシングの受け皿として機能することにより、一定の受注を確保すると同時に、グローバル市場で高い成長が期待され、かつ、OEMと直接競合しないミドル・クラスとロワー・クラスの市場セグメント向けに、コスト・パフォーマンスの高い自社ブランド製品を提供していく。それにより、同セグメントの成長に貢献すると同時に、セグメント内シェアの拡大を図る。下記がコスト削減方策である。

- 必要最小限の機能に特化した製品コンセプト（設計簡素化によるコスト削減）
- 大規模生産システムの構築（規模の経済）
- 大企業からのシニア熟練工採用（経験の経済）
- 教育訓練費用の削減
- オープン・モジュラー型の設計（生産コスト削減）

　最後は、上記の裏付けに基づく、破壊的な低価格戦略を実践して競合他社に対する圧倒的な競争力を実現する。

（笠原 2011からの抜粋・要約）

図63-2：シナリオ（図式モデル）

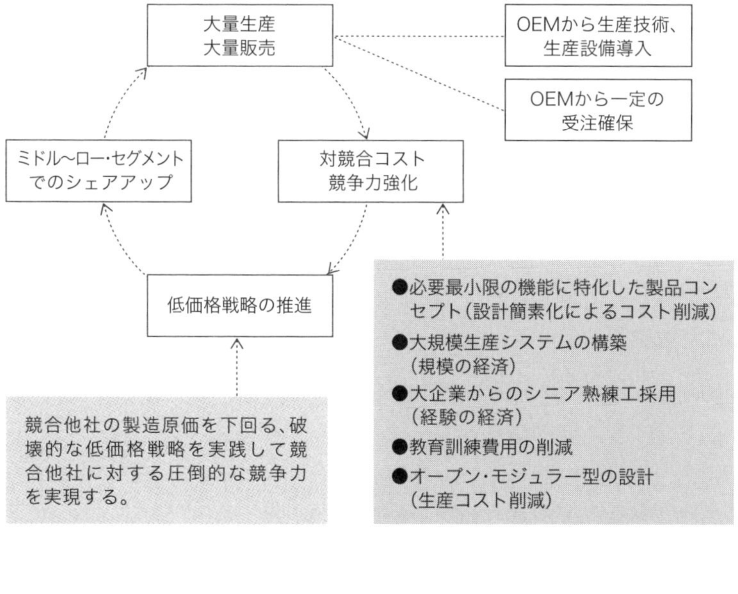

26 ポイント③
事業戦略案をピラミッド・ストラクチャーで編集

■ 現状分析、総論戦略、各論戦略の3つのブロックで表現

　事業戦略案をピラミッド・ストラクチャーで編集して、ビジネス・プランとして完成させます。ビジネス・プランのようで、実際はかなり趣旨が異なる報告書は実際のところ少なくありません。事業戦略報告書に求められる要素として3つ挙げられます。一つは、Whyです。なぜ、この戦略を実施していく必要があるのかということ。二つめは、Whatです。実際に何をしたらよいのか、最後は、Howです。具体的にどう展開するのかという3点です。ありがちなタイプを列挙しました。

- 分析テンプレートのオンパレード（分析屋さんによるVC、5F分析、SWOT等の分析ツール活用集のようなもの）
- 売上・費用のシミュレーション（何月何日までに、売上をこれだけ達成、そのために費用がこれだけかかりますという説明書き）
- 自部門のコミットメント宣言書（目標を頑張って達成しま〜す！私を信用してください！的な気合炸裂タイプ）
- 経済産業省や総合研究所風のポンチ絵（やりたいことをイラストを使って魅力的に表現、それで、戦略となると？？？？？）

図64：報告書の骨子

どうして、このままでは
ダメなのか、
その理由を教えてくれ
現状分析
(Why Tree)

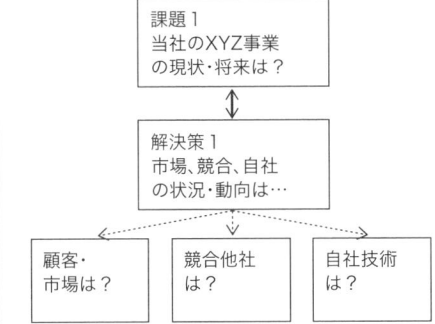

何をすべきか、
その根拠を教えてくれ
総論戦略
(What Tree)

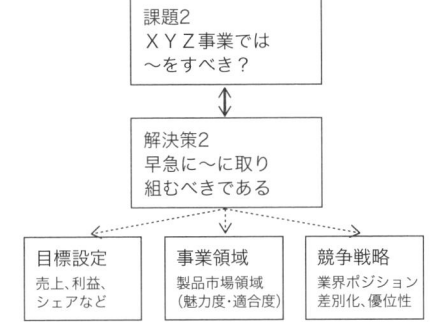

どのようにしたら
良いか教えてくれ
各論戦略
(How Tree)

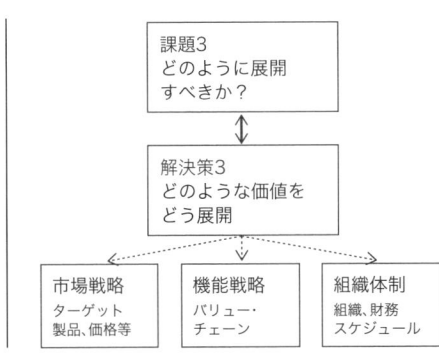

27 ポイント④
要点を絞ってサマリーを作成

Introduction
Corporate strategy
Business strategy
Functional strategy
Social Bond
Presentation

■ ビジネス・プランを基にエグゼクティブ・サマリーを作成

　最後に、ビジネスプランを基に、要点を絞ってエグゼクティブ・サマリーを作成します。

　仮に複数の事業戦略案が存在するならば、それらを比較検討して特定の事業戦略案を選択します。

　評価の方法は、各案のメリットとデメリットを検討する方法から、市場の魅力度（規模、成長性、競争状況がどの程度か）と自社資源適合度（開発力、生産力、販売力などがどの程度対象事業で活用できるか）という2つの視点から定量的に評価することも可能です。もし定量評価でも明確に結論が出ない場合は、経営理念にどちらが適しているかという評価軸と経済的なリターンで判断することになると考えます。

　一般的に評価軸は以下のとおりです。

・メリット、デメリット
・市場の魅力度、資源適合度
・リスク、リターン
・効果、コスト
・定量評価（経済性）、訂正評価（信頼、認知度、ブランド、関係性…）

　そして最後の決め手は、バリュー（理念）とナンバー（売上・利益）です。

図65:エグゼクティブ・サマリーの例

ビジョン	世界の工場から世界のブランドになる
現状分析	新興国では、QOLを志向するミドル・セグメントが急速に拡大する見込み。買いやすい価格帯での良質な家電製品に対するニーズがグローバル的に高まっている。先進国メーカーは全般的にオーバースペック。EMSとして培った生産技術とコスト競争力が自社の強み。
目標	ミドル・レンジでの家電領域で世界シェアNo.1
事業の範囲	コストパフォーマンスの高い家電製品を広いラインアップでグローバルに展開。
競争戦略	大量生産、大量販売に基づくコストリーダーシップ戦略を広い市場で展開。
市場戦略	新興国でのミドルクラス向けに、良質な家電を買いやすい価格帯で提供。電子レンジ、炊飯器、冷蔵庫、洗濯機、空調等をフルセットで展開。競合他社の原価を下回る売価の設定を基本に、破壊的な価格政策を実践して、世界シェアトップを目指す。チャネルはe-commerceによってリーチの最大化を図る。
機能戦略	必要最小限の機能に特化した製品コンセプト(設計簡素化によるコスト削減)、大規模生産システムの構築、大企業からのシニア熟練工採用(経験曲線効果)、教育訓練費用の削減、オープン・モジュラー型の設計。生産拠点は中国に集約。研究・開発はテーマ別に拠点を選択。
組織・体制	グローバル・ブランドの一貫性、統一性を重視して、トップ・ダウン体制で。

28 ピラミッド・ストラクチャーを生かしてプレゼンテーション資料として編集する

■ シンプルに、ロジカルに

　最後になりますが、パワー・ポイントを使ってレポートにする場合は、文字だけで表現するのではなく、パワフルなチャートとコメントのセットで表現することをお勧めしたいと思います。

　マーケティングには知覚品質、知覚価値という考えがあります。ビジネス・プランも一緒です。どんなに内容的に優れた提言でも、魅力的で考慮する価値があると思っていただかなくては意味がないのです。複雑で高度な内容でもわかりやすく。プレゼンの極意はそこにあります。

図66：分析と提言のコンビネーション

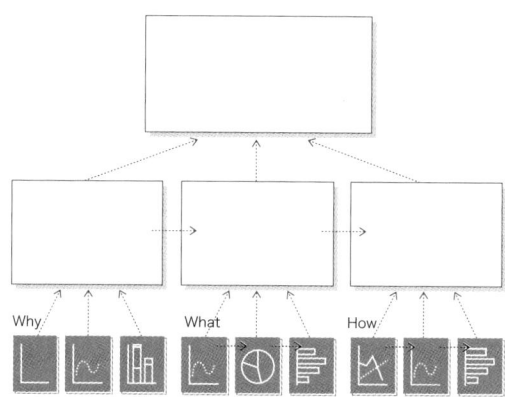

図67：ビジネス・プランのチェック・ポイント

説明	目次
企業戦略で明確にされている企業の目標およびミッションを踏まえて、当該事業で達成したい、ありたい姿としてのビジョンをシンプルに定義。	1. 事業概要 　ビジョン
分析対象としてのCustomers、CompetitorsやContext（経営環境）の範囲を定め、Company（経営資源）も含めて、現在から将来にかけてどのように変化するかを真剣に考察し、事業戦略の提言上重要な要素をシンプルに記述。	2. 現状分析 　4C（市場、競合、自社、環境） 　SWOT
ビジョンを具現化するためのマイルストーンとしての売上、利益、シェア目標を明確に設定。	3. 基本方向 　目標（売上・利益・シェアなど）
目標を達成するための事業の範囲（scope of business）を選択する。事業の範囲は、製品・市場で定義されることが多いが、この事業をどのように定義するかということが、事業としての成長可能性を直接的に規定することになる。競争戦略や市場戦略（STP）に大きく影響を与えるという点で、事業範囲の明確化は大変重要なテーマ。妥協なく、とことん考え抜くことが重要。	事業の範囲（製品・市場領域）
目標を達成するための事業の範囲の中で、どうライバル会社と戦って勝つかの宣言。平均的な企業に比べて、WTP（顧客にとっての価値）を高めていくか、それともWTPは同じでも、生産コストを下げて、比較的低い売価で提供するのかという基本方向を明確にする。	4. 戦略 　競争戦略 　市場戦略 　　・ＳＴＰ 　　・４Ｐ's
選択した事業の範囲のなかで、具体的な顧客市場を厳選し、お客様の満たされないニーズに対する自社としてのユニークなソリューションを考え抜いたうえでそれをポジショニングマップとして表現して、４Ｐに展開する。これが売上モデル、費用モデルと直接結び付く。いい加減なシナリオでは売上モデルにつなげられない。	機能戦略（バリューチェーン）
競争戦略や市場戦略を具体的に展開するための各種機能戦略（開発、生産、品質管理、物流等）を検討する。	
そして最後ではあるが、極めて重要な項目として、すべての打ち手を推進するために必要なインフラストラクチャーとしての組織、体制、自身のリーダーシップも含めてポイントを記述する。	5. 組織・体制 6. 売上モデル・費用モデル 7. 最後に：承認事項

おわりに

　本書の執筆に着手したのが、気象庁から例年にない早い段階で梅雨挙げ宣言が出された7月上旬の土曜日で、あとがきまで実質2週間で一気に書かせていただきました。

　その間出張が重なり、十分集中して書斎に向かう時間がとれず、クライアントの会議室、大学の講義室のかたすみ、移動中の飛行機や新幹線の中での執筆作業だったため、過去の文献をこまめに当たることができませんでした。

　しかし、時間が限られていたというのは、無駄をそぎ落とすにはうってつけの環境だったのではないかと感じています。

　本書の目的が、研究書を書くことではなくではなく、実際に意思決定をしながら成果を追求していかなければならない実務家の皆様にとって、本当に意味のある戦略やマーケティングのエッセンスを、ばらばらのパーツではなく、体系的に提供できるレクチャー・ノートのようなものとしてご提供したいということだったからです。

　この構想を思いついたのは今年の春、研究の為滞在していたコロンビア大学での研究スタッフとのミーティングの最中でした。
「我々は必死になって成功企業のビジネス・モデルなどを研究しているけど、そもそも成功企業のビジネス・モデルを研究して、同じようなモデルをつくっても同質化するだけで、かえって収益が低下するのではないか？　本来やるべきことは、他社との違いを打ち出していくことではないのか？」という会議参加者からのコメントでした。

　これはごくごく当たり前のことですが、戦略やマーケティングを研究するということは、違いの出し方を考えるということです。

もちろん、リーダー企業がチャレンジャーに対して同質化して、チャレンジャーの優位性をなくすというやり方もあります。その場合も突き詰めればチャレンジャーに対してコスト競争力で違いをだしていくことです。こうした違いの出し方の引き出しをたくさん用意して、それを全体的に有機的に組み合わせることができるようにするにはどうしたらよいのだろうかというのが本書を書くきっかけになっています。
　忙しいビジネスの現場で、ホワイトボードやフリップチャートを前にしながら違いを議論していくためには、百科事典のような経営書ではオーバー・エンジニアリングです。
　本当にお客さまのうれしいことってなんなのか、それを感じながら、できるだけ模倣されにくく、それでいてできるだけシンプルな仕組みにするためにはどうしたらよいのか、こうした思考や活動を作法として磨でいてくための参考書があればもっと経営の現場が楽しくなるに違いない。
　このような思いで書かせていただきました。

　まえがきにも書かせていただきましたが、これからは弊社の成長はグローバル展開にかかっています！　海外比率を今の10％から3年間で50％に！　という勇ましい心意気には、心打たれるものがありますが、グローバル化に先立って大事なことは、某エレクトロニクス・メーカーのの部長さんが呟いたひとことに凝縮されていると思います。「こんなに素晴らしいソリューションを弊社は持っているのに、これを海外のお客様が知らないなって、ほんともったいないと思うんですよね」。その通りだと思いませんか。お客様がうれしくなるような問題に対する解決法、それも含めて、ライバルとの違いを考えて、実践することだとわたくしも共感いたしました。

ところで、皆様は creativity と innovation の違いについて考えたことがありますか。

　私の持っている英英辞典には、creativity is thinking new things というようなニュアンスで説明されています。そして innovation は doing new things です。

　考えることはだれでもできるし、よいアイデアを思いつく人も少なくないです。しかし、それを実践して価値を創造できる人は、ごく一部ではないでしょうか。

　グローバルで必要な人材は、単なるクリエーターではなく、イノベーターでなければならないと思います。新しいことを考えるだけではなく、アイデアを具現化するために必要なことを丸ごと仕切ることのできる全体感を持った人材です。

　本書の出版にあたりまして、中経出版の前田浩弥さんとこれからのビジネスについて熱い語り合いをさせていただきました。コンサル業務に忙殺され、停滞する執筆にカツをいれていただいたのも前田さんです。この場をお借りして御礼申し上げます。

　最後に研究活動やフィールド調査でいつも示唆にとぶアドバイスをしてくれる研究仲間、コンサルティングの同僚、そしてなによりも日ごろから、厳しくもあたたかく業務や研究の方向性を示唆してくださるクライアントの皆様にこの場をお借りして心から感謝の意を表したいと思います。

笠原英一

参考文献

Aaker, David A. (2005), *Strategic Market Management*, John Wiley & Sons, Inc.

Abell, D.F.(1980), *Defining the Business: The Starting Point of Strategic Planning*, Prentice Hall

Anzoff, H.I.(1968), Corporate Strategy, McGraw-Hill　広田寿克訳（1969）『企業戦略論』産業能率短期大学出版部

Arndt, Johan (1979), "Toward a Concept of Domesticated market," Journal of Marketing, Vol. 43 (Fall), 69-75

Christensen, C.M. (1997), *The Innovator's Dilemma*, Harvard Business School Press

Fournier,S(2009),"Lessons learned about Consumer's Relationships with Their Brands," Society for Consumer Psychology

Freiberg, Kevin & Jackie (1996), Nuts!, Broadway Books

Garth Saloner, Andrea Shepard, Joel Podolny. (2001), *Strategic Management*, John Wiley & Sons, Inc.　石倉洋子訳(2002)、『戦略経営論』東洋経済新報社

Kaplan, R.S. and Norton, D.P.(2004), *Converting Intangible Assets into Tangible Outcomes*, Harvard Business School Publishing

Keller, K.L.(2007), *Strategic Brand Management: Building Measuring and Managing Brand Eauity*, Prentice Hall

Kotler, P. (2000), *Marketing Management 11th*, Prentice Hall International Editions

Leonard M. Lodish, Howard Lee Morgan, and Amy Kallianpur(2001), *Entrepreneurial Marketing*, John Wiley & Sons International　笠原英一訳・解説（2005）『成功した企業家が毎日考えていること』中経出版

Michael D. Hutt and Thomas W. Speh(2004), *Business Marketing Management: A Strategic View of Industrial and Organizational Markets*, South-Western）笠原英一訳・解説（2009）『産業財マーケティング・

マネジメント』白桃書房
Mintzberg, H. , Ahlstrand, B., Lampel, J.(1998), *Strategy Safari: A Guide Tour through the Wilds of Strategy Management*, The Free Press
Moore, G. A. (2004), *Inside the Tornado*, Collins Business Essentials
Morgan, Robert M. and Shelby D. Hunt (1994), "The Commitment-Trust Theory of Relationship Marketing," Journal of Marketing, 58(7), 20-23
Narayandas, D. (1995), "Long-Term Manufacturer-Supplier Relationships: Do They Pay Off for Supplier Firms?" Journal of Marketing 59, no. 1
Narayandas, D. (2003), "Customer Management Strategy in Business Markets," Harvard Business School Working Paper #N9-503-060
Robert J. Dolan (1997), "Note on Marketing Strategy," Harvard Business School（大学での講演における講義ノート）
Tabrizi, B.N. (2007), *Rapid Transformation: a 90-day plan for fast and effective change*, Harvard Business School Press
井上崇通（2012）『消費者行動論』同分館出版
大江健 (1998)『なぜ新事業は成功しないのか』日本経済新聞社
笠原英一（2003）「いま、本当に愛される企業とは？顧客との関係構築のための３つの接点」『Link』Vol.214 Spring 4-11 頁
笠原英一（2004）『経営学のこと が面白いほどわかる本』中経出版
笠原英一（2005）「米国マニュファクチャラーズ・レップの関係性マネジメント」『マーケティングの革新と課題』柏木編、東海大学出版
久保田進彦（2006）「リレーションシップ・マーケティングのための多次元的コミットメントモデル」『流通研究』第 9 巻第 1 号 6 月、59-85
嶋口充輝（1994）『顧客満足型マーケティングの構図』有斐閣
嶋口充輝（2000）『マーケティング・パラダイム』有斐閣
延岡健太郎（2002）『製品開発の知識』日経文庫
延岡健太郎（2006）『技術経営入門』日本経済新聞社
福田昌義、笠原英一、寺石雅英（2000）『ベンチャー創造のダイナミックス』共著 2000 年（13 年度中小企業奨励 本賞受賞）文眞堂

〔著者紹介〕

笠原　英一（かさはら　えいいち）

アジア太平洋マーケティング研究所(APRIM)所長、博士（Ph.D. in International Studies）、Thunderbird School of Global Management、Wharton School (CPD)、早稲田大学大学院後期博士課程国際関係学専攻（国際経営研究）修了。

専門は、経営戦略、産業財マーケティング、グローバル・マーケティング、消費者行動論、マーケティング・リサーチ、ベンチャー・マネジメントなど。㈱富士総合研究所　笠原クラスターにて戦略プロジェクトを実施。その後、立教大学大学院ビジネスデザイン研究科教授を歴任。

現在、研究・教育活動と並行して、国内外の大手企業のクライアントに対して、経営戦略からマーケティング、研究開発、営業販売、IR、幹部研修等に関する機能横断的な問題解決支援を行なうプロジェクトを推進中。

著書・訳書に、『産業財マーケティング・マネジメント−理論編及びケース編』（Hutt &Speh 著、笠原英一解説・翻訳／白桃書房）、『ベンチャー創造のダイナミックス』共著（2013年度中小企業奨励 本賞受賞／文眞堂）、『経営学のことが面白いほどわかる本』『成功した企業家が毎日考えていること』（以上、中経出版）などがある。

本書の内容に関するお問い合わせ先
中経出版編集部　03(3262)2124

強い会社が実行している「経営戦略」の教科書 （検印省略）

2013年9月10日　第1刷発行

著　者　笠原　英一（かさはら　えいいち）
発行者　川金　正法

発行所　㈱中経出版　〒102-0083
東京都千代田区麹町3の2 相互麹町第一ビル
電話　03(3262)0371（営業代表）
　　　03(3262)2124（編集代表）
FAX 03(3262)6855　振替 00110-7-86836
ホームページ　http://www.chukei.co.jp/

乱丁本・落丁本はお取替え致します。
DTP／ニッタプリントサービス　印刷／新日本印刷　製本／越後堂製本

Ⓒ2013 Eiichi Kasahara, Printed in Japan.
ISBN978-4-8061-4860-9 C2034

本書の無断複製（コピー、スキャン、デジタル化等）並びに無断複製物の譲渡及び配信は、著作権法上での例外を除き禁じられています。また、本書を代行業者等の第三者に依頼して複製する行為は、たとえ個人や家庭内での利用であっても一切認められておりません。